新編 生命の實相 第57巻

幸福生活篇

幸福生活への根本真理

谷口雅春

Masaharu Taniguchi

光明思想社

編者はしがき

本篇『幸福生活篇』の「はしがき」は、次のような文章ではじまっている。

「本篇は主として人間が幸福になれるための原理とその実際とを説明したものである。幸福生活論はギリシアの哲学以来無数にある。釈迦の仏教も一種の幸福論であり、イエスの山上《さんじょう》の垂訓《すいくん》もまた一種の幸福論であると言うことができる。ただその異なるのは、人間の『幸福』とは何ぞやという根本の出発点において、その見方が無数にあり、実践の仕方にも無数の差別を生じてくるのである」

そして、谷口雅春先生は、物質の豊富さと肉体の快楽を最高の価値とする幸福論と、その対極にある精神の平静を第一とし、俗世間から身を引いた隠遁《いんとん》生活の幸福論があり、その両極の間に両者の要素が様々に混淆《こんこう》する無数の幸福論が生まれてきた、と説かれるのである。

しかし、物質と肉体に快感を求める者は満足を求めて遂に満足を得られず、結局は求めて得られぬ苦痛の中に身を置くことになる。また、精神の安定を第一とする幸福論は、物質的な現実生活には何も寄与せず、ただ「山に籠《こ》もる」だけの幸福論で終わることになる。

ここに谷口雅春先生は、「第三の道」たる〝真の幸福論〟を提唱する。それは「隠遁生活」に陥らない「積極的精神主義」である。「それは精神の巧妙なる方法によって、世界に調和し、世界と周囲の人々にも悦びを与えながら、みずからも繁栄する道であり、心の力によって微妙に肉体の健康をも支配してゆくことができるがゆえに、過度の感覚刺激から快楽がかえって苦渋《くじゅう》に変わることもなく、静かにして逞《たくま》しく、健康にして明朗なる幸福生活への道となるのである」(「はしがき」)と述べておられる。

これはまさに谷口雅春先生の「生命の実相哲学」そのものが「谷口雅春幸福論」であることを示す言葉である。そして「精神の巧妙なる方法」とは「心の法則」の活用であり、その活用によって環境と周囲の人々との調和が生まれ、また「悦び」を他の人に与えることで自らも「繁栄」し、「心の力」によって「自らの肉体の健康」をも支配し、静かな瞑想(神想観)の実修によって「心静かにして逞《たくま》しく」人生を進むことができる。これこそが「健康にして明朗な幸福生活への道」である、と説かれるのである。

この谷口雅春先生の「幸福論」が単なる理論だけではなく、その実践によって実際に多くの人々の「不幸」は消え、「幸福」が人々に現れてきたのである。この多くの体験の事例によって谷口雅春先生の「幸福論」が本当に現実を動かす力を持っていることを実証したのである。

では、具体的にどのような「心の使い方」をすればよいのであろうか。これが本書「幸福生活篇」全篇にわたって説かれている主題である。

その中の一つ、「無限供給」の受け方について、谷口雅春先生は「水道の栓《せん》」と「鍵《かぎ》孔《あな》」を例にとって次のように説いておられる。

「供給は祈るも祈らぬも既に与えられている。栓《せん》を捻《ひね》ったら直ぐ出るように、もうそこまで来ているのでありますけれど、祈りは心にそれをハッキリと描く作用によって栓を開くのであります。ですから、この水道の栓を如何《いか》にうまく捻《ひね》って神様の無限供給を引出《ひきだ》すかということが、現象界の人生を幸福に生きて行く上に問題になるのであります。これさえうまくやれましたならば、吾々《われわれ》の住むこの世界はこのまま無限供給、このまま病気も不幸もない世界が現れて来《き》、地上がそのまま天国になるはずであります」(六頁)

「ありとし有《あ》らゆる種類の無限供給を既に吾々は神の子として神から与えられているのであります。それが得られるか得られないかは、ただ一つ実相の扉の開き方にあります。扉を開くには鍵孔《かぎあな》に鍵の形が合わなければならない。鍵孔と鍵の形との類似という事が必要なのであります。既に与えられている無限供給の実相を引出《ひきだ》すには実相と同じ形の鍵を以て開く――実相と同じ念を起せばよいのであります。偉そうにいっても生活に困ったり、家庭が不和であったり、現象界が整わないのは、実相の鍵孔と同じ形の鍵に自分の心がなっていない証拠で、悟りが開けていないのであります」（七頁）

また、「親と子の関係」については次の通りである。

「親の心のこちらの開き方で、もうそこまで出て来ているものが形の世界へ表れて来るのであります。幼児の便秘、下痢などを神経質に気に病むお母さんがありますけれども、幼児の便通の異状は親の心の引っかかりの反映なのですから、薬ばかりでは正常に復さない。親自身の心がスラスラと滞《とどこお》りのない調和した心になることが必要なのです」（三五頁）

その他の人生上の諸問題もすべて心の問題であり、「心の使い方」で問題は解決することが説かれている。

「総《すべ》ての点に於て無限の供給というものが既に出口まで来ているのですけれども、その出口を、自分の迷いの心で搾《しぼ》って出さないようにしている――これが引掛《ひっかか》る心なのであります。すべて引掛らない心になって、融通《ゆうずう》自在《じざい》の心になるとすべての事が旨《うま》く行

くのであります」（五〇頁）

そして、本書の最終章は「腹の立たなくなる法」である。ほとんど全ての人は腹を立てて失敗したり、損をしたり、喧嘩になったり、という経験があるはずである。「腹が立つこと」を何とかしたいと切実に望んでいる人生上の大問題でもある。

谷口雅春先生は「腹が立つ」という心理とそれが巻き起こす現象を徹底的に解析される。そしてこの「腹立ち」の現象が消える方法を詳説される。本章を読んで、なぜ腹が立つのか、その腹立ちがなぜ消せるのか、そのことが解明されれば、どれだけの福音《ふくいん》を我々に与えてくれるか計り知れないものがある。

ぜひ幸福生活を我が物にするまで本書を繰り返し繰り返し熟読して頂きたい。それがすぐそこまで来ている「幸福」を呼び込む「水道の栓《せん》」なのである。

令和五年五月吉日

谷口雅春著作編纂委員会

はしがき

本篇《ほんぺん》は主《しゅ》として人間《にんげん》が幸福《こうふく》になれるための原理《げんり》とその実際《じっさい》とを説明《せつめい》したものである。幸福生活論《こうふくせいかつろん》はギリシアの哲学《てつがく》以来《いらい》無数《むすう》にある。釈迦《しゃか》の仏教《ぶっきょう》も一《いっ》種《しゅ》の幸福論であり、イエスの山上《さんじょう》の垂訓《すいくん》もまた一種の幸福論であると言うことができる。ただその異《こと》なるのは、人間の「幸福」とは何《なん》ぞやという根本《こんぽん》の出発点《しゅっぱつてん》において、その見方《みかた》が無数《むすう》にあり、実践《じっせん》の仕方《しかた》にも無数の差別《さべつ》を生《しょう》じてくるのである。幸福を物質的《ぶっしつてき》な豪華《ごうか》さや肉体《にくたい》の快感《かいかん》にあるとするような快楽主義《かいらくしゅぎ》から、精神《せいしん》の平静《へいせい》を幸福とする隠遁静慮《いんとんせいりょ》の生活《せいかつ》に至《いた》るまでいろい

はしがき　頭注第三十六巻の「はしがき」

釈迦　紀元前四六三～前三八三年頃。仏教の始祖。釈迦族の王子だったが出家した。苦行の末三十五歳で悟りを開いた

仏教　世界三大宗教の一つ。紀元前五世紀頃、釈迦がインドで説いた教え。日本には六世紀中期に伝来した

イエス　イエス・キリスト。紀元前四年頃～紀元三十年頃。パレスチナで教えを宣布し、多くの奇蹟を起こした。ローマのユダヤ総督ピラトによって磔に処された

山上の垂訓　『新約聖書』「マタイ伝」第五章～七章にあるキリストの教え。ガリラヤ湖畔の山上で説いた。本全集第四十八巻「聖典講義篇」参照

ろの考え方があるのである。

精神《せいしん》の平静《へいせい》に重点《じゅうてん》を置《お》く側《がわ》の幸福論《こうふくろん》は消極主義《しょうきょくしゅぎ》に陥《おちい》って実際生活《じっさいせいかつ》の上《うえ》ではなんら積極的《せっきょくてき》な勝利《しょうり》も発展《はってん》もなく、ただ山に籠《こも》るがごとき生活《せいかつ》によって静かなる〝あきらめ生活〟に幸福《こうふく》を見出《みいだ》すのである。

物質的《ぶっしつてき》に豪華《ごうか》な生活に幸福を見出《みいだ》そうとする幸福追求者《こうふくついきゅうしゃ》は、飽《あ》くなき物《ぶっ》欲《よく》による自己拡張《じこかくちょう》、自己発展《じこはってん》を志《こころざ》すがゆえに相互《そうご》に奪《うば》い合《あ》いの闘争《とうそう》が起こって、幸福への追求《ついきゅう》がかえって果《は》てしなき苦悩《くのう》を生《う》むことになるのである。

また肉体《にくたい》の快感追求《かいかんついきゅう》に幸福をもとめてやまない快楽主義者《かいらくしゅぎしゃ》は、感覚的刺激《かんかくてきしげき》はそれが頻度《ひんど》に重なれば重なるほど快感《かいかん》は減少《げんしょう》し、かえって苦痛に変《へん》ずるものであるがゆえに、快楽を追求して結局《けっきょく》はかえって苦渋《くじゅう》を嘗《な》めることになるのである。

そこで変化《へんか》し衰退《すいたい》することなき真《しん》の幸福を得《え》んがためには、〝第《だい》三の道《みち》〟がなければならない。それは隠遁主義《いんとんしゅぎ》に陥《おちい》らぬ積極的精神主義《せっきょくてきせいしんしゅぎ》であって、

隠遁静慮 世の中の俗事からのがれて坐禅すること

心の法則《ほうそく》を活用《かつよう》して、世界《せかい》と調和《ちょうわ》しながら物質的《ぶっしつてき》にも肉体的《にくたいてき》にも幸福《こうふく》の領域《りょういき》を拡大《かくだい》してゆくところの方法《ほうほう》である。それは精神《せいしん》の巧妙《こうみょう》なる方法によって、世界と調和し、世界と周囲《しゅうい》の人々《ひとびと》にも悦《よろこ》びを与えながら、みずからも繁栄《はんえい》する道《みち》であり、心の力《ちから》によって微妙《びみょう》に肉体《にくたい》の健康《けんこう》をも支配《しはい》してゆくことができるがゆえに、過度《かど》の感覚刺激《かんかくしげき》から快楽《かいらく》がかえって苦渋《くじゅう》に変わることもなく、静かにして逞《たくま》しく、健康にして明朗《めいろう》なる幸福生活《こうふくせいかつ》への道となるのである。

しかしこの第《だい》三の道の幸福論《こうふくろん》が単《たん》に理論《りろん》にとどまって、そのような幸福生活が現実《げんじつ》に実現《じつげん》することができないならばそれは机上《きじょう》の空論《くうろん》にすぎないのであるが、「生命《せいめい》の実相哲学《じっそうてつがく》」によるこの幸福論は、実際《じっさい》に現実生活《げんじつせいかつ》にかくのごとき幸福を得《う》ることを可能《かのう》とするのである。その実例《じつれい》として本書《ほんしょ》の末尾《まつび》に〝功徳篇《くどくへん》・宝樹華果《ほうじゅけか》多し〟を収録《しゅうろく》したのである。

これらの実例は真理《しんり》の宝樹《ほうじゅ》に華咲《はなさ》いた結果《けっか》であって、『生命《せいめい》の實相《じっそう》』の初《しょ》版《はん》のときに収録したものであるが、最近《さいきん》の実例は、生長《せいちょう》の家《いえ》の機関誌《きかんし》たる

机上の空論　観念的で実際の役に立たない考えや理論

功徳篇　本全集では第五十八巻「功徳篇　宝樹華果多し」

宝樹華果　『法華経』「如来寿量品」第十六「自我偈」にある言葉。極楽浄土の七宝で飾られている樹に咲く宝の花や宝の果実

『生命の實相』　著者の主著。昭和七年一月黒革表紙版が発行されてより各種各版が発行され、現在までに二千万部近くが発行されている

『生長《せいちょう》の家《いえ》』『白鳩《しろはと》』『光《ひかり》の泉《いずみ》』『精神科学《せいしんかがく》』『理想世界《りそうせかい》』『聖使命《せいしめい》』紙等《しとう》にほとんど毎号掲載《まいごうけいさい》せられているのであって、決《けっ》して一時的《いちじてき》に花咲いた偶発性《ぐうはっせい》のものでないことがわかるのである。本書《ほんしょ》の読者《とくしゃ》がこの幸福論《こうふくろん》により、偶発性ではない久遠不滅《くおんふめつ》の愛の法則《ほうそく》に基《もと》づく恒久不変《こうきゅうふへん》の幸福生活《こうふくせいかつ》を送られんことをわたしは希望《きぼう》してやまない。

昭和四十一年七月一日

著者《ちょしゃ》しるす

『生長の家』 著者の個人雑誌として昭和五年三月一日に創刊された

『白鳩』 昭和十一年三月創刊。生長の家本部発行。婦人向け月刊誌として著者夫人の谷口輝子の誕生日に発行された

『光の泉』 昭和十一年三月創刊。初心者及び工場勤務者のための教えの入門誌

『精神科学』 昭和二十三年四月創刊の月刊誌

『理想世界』 昭和三十年に『生長する青年』『生長』の後継誌として創刊。青年向けの月刊誌

『聖使命』紙 生長の家の機関紙。昭和二十六年創刊の『愛行』を昭和二十九年に『聖使命』に改題した

偶発性 偶然に発生するような性質

久遠 仏教語。永遠

幸福生活篇

幸福生活への根本真理

目次

凡例

一、本全集は、昭和四十五年〜昭和四十八年にわたって刊行された愛蔵版『生命の實相』全二十巻を底本とした。本書第五十七巻は、愛蔵版第十八巻『幸福生活篇』を底本とした。

一、本文中、底本である愛蔵版とその他の各種各版の間で異同がある箇所は、頭注版、初版革表紙版、黒布表紙版等を参照しながら確定稿を定めた。

一、底本は正漢字・歴史的仮名遣いであるが、本全集は、一部例外を除き、常用漢字・現代仮名遣いに改めた。

一、現在、代名詞、接続詞、助詞等で使用する場合、ほとんど用いられない漢字は平仮名に改めた。

一、本文中、誤植の疑いがある箇所は、頭注版、初版革表紙版、黒布表紙版等各種各版を参照しながら適宜改めた。

一、本文中、語句の意味や内容に関して註釈が必要と思われる箇所は、頭注版を参照しつつ脚註として註を加えた。但し、底本の本文中に括弧で註がある場合は、例外を除き、その箇所のままとした。

一、聖書、仏典等の引用に関しては、明らかに原典と異なる箇所以外は底本のままとした。

一、頭注版『生命の實相』全四十巻が広く流布している現状に鑑み、本書の章見出し、小見出しの下の脚註部分に頭注版の同箇所の巻数・頁数を表示し、読者の便宜を図った。

一、本文と引用文との行間は、読み易さを考慮して通常よりも広くした。

一、本文中に出てくる書籍名、雑誌名はすべて二重カギに統一した。

幸福生活篇

幸福生活への根本真理

愛の深さは

愛は生かし、愛は育て、愛は癒《い》やすのである。

愛は身を捨《す》てることだ。自己《じこ》を殺し、自己を鞭撻《むちう》ち、自己を無《な》くするのだ——このような愛のみが、他《ひと》を生かし、育て、癒《い》やすことが出来《でき》るのである。

自分《じぶん》が可愛《かわい》いようなことで、自分の子供《こども》のみが可愛《かわい》いようなことで、他《ひと》の子供は預《あず》かれるものではない。

ひとの教育《きょういく》を引受《ひきう》ける限《かぎ》りはこれだけの決心《けっしん》がなければならぬ。

愛するが故《ゆえ》に生かす人《ひと》と、愛するが故《ゆえ》に却《かえ》って愛に捉《とら》われて自由《じゆう》を失って殺す人とがある。

愛は甘いものではない。煩悩《ぼんのう》が甘いのだ。本当《ほんとう》の愛は峻厳《しゅんげん》なるものである。峻厳を失った時《とき》愛はただ相手《あいて》を甘やかし、相手を堕落《だらく》させる動機《どうき》となるばかりである。

しかし、峻厳のみが愛ではない。愛のない癖《くせ》に自分の冷淡《れいたん》さを胡魔化《ごまか》すために、自分の愛は「峻厳な愛」であるなどといっている者《もの》は唾棄《だき》すべき詐欺漢《さぎかん》である。愛とは自分を捨てることだ。自分を捨てているものは峻厳であり、同時《どうじ》に無我帰一《むがきいっ》だ、自他一体《じたいったい》だ――それが即《すなわ》ち愛だ。

愛の深さは外見《がいけん》の深切《しんせつ》らしさの深さでは測《はか》られない、自分を捨てている程度《ていど》が愛の深さである。

第一章　幸福《こうふく》の扉《とびら》の開《ひら》き方《かた》

一、類《るい》は朋《とも》を招《よ》ぶ心の法則《ほうそく》

幸福を招《まね》く法則は「類は朋《とも》を招《よ》ぶ」法則によります。仏教《ぶっきょう》では三界唯心《さんがいゆいしん》といいます。キリスト教《きょう》では「汝《なんじ》の信ずる如《ごと》く汝《なんじ》にまで成《な》れ」と申《もう》します。

煩悩（前頁）心身を悩ませる妄念や欲望

峻厳（前頁）おごそかできびしいさま

唾棄（前頁）つばを吐き捨てるように軽蔑すること

詐欺漢（前頁）巧みに人をだまして金品などを奪い取る者

無我帰一（前頁）自分を無にして一つにまとまること

頭注版㊱三頁

類は朋を招ぶ　波長の合うもの、似通ったものは自然と寄り集まること

三界唯心　一切衆生が輪廻する欲界・色界・無色界の全ての事象は心の現れであるということ

キリスト教　ユダヤ教を母体としてパレスチナに興る。唯一絶対の神を奉じ、現在に至るまで欧米文化の基盤をなしている。イエス・キリストが始祖

金光教《こんこうきょう》では「おかげは我《わ》が心にあり」といいます。黒住教《くろずみきょう》では「立《た》ち対《むか》う人《ひと》の心は鏡《かがみ》なり、おのが姿《すがた》を映《うつ》してや見ん」と申《もう》します。世間《せけん》で「笑う門《かど》に福来《ふくきた》る」とか或《あるい》は「泣《な》き面《つら》に蜂《はち》」であるとか申しますのは、皆《みな》この「類《るい》は朋《とも》を招《よ》ぶ」法則《ほうそく》によるのであります。泣顔《なきがお》をしている者《もの》には蜂が螫《さ》す、ニコニコ笑っている者には幸福《こうふく》な音信《おとずれ》がやって来るということになるのであります。唯今《ただいま》、石橋《いしばし》さんが、「無限供給《むげんきょうきゅう》――石橋貫一《いしばしかんいち》」と小さい紙に書いたら小さい金《かね》を送って来た。大きい紙に書いたら大きい金《かね》を送って来たという神《しん》秘《ぴ》な実話《じつわ》をお話しなさいましたので、自分自身《じぶんじしん》の名前《なまえ》を書いてお願《ねが》いすることが無限供給の本源《ほんげん》であるかのように聴《きこ》えそうですが、そうではありません。何《なに》もそんなに紙に書かなくても、供給《きょうきゅう》は始《はじ》めから神様《かみさま》から与えられているのですけれども、紙にハッキリ書いた時《とき》に、ハッキリそれが出て来たというのは、心にハッキリそれが描《えが》かれたからであって、やはり現象顕現《げんしょうけんげん》の法則「類は朋《とも》を招《よ》ぶ」という類似《るいじ》の波動《はどう》が感応《かんのう》する働《はたら》きなのであります。で

「汝の信ずる…」『新約聖書』「マタイ伝」第八章にあるイエスの言葉

金光教　教派神道の一つ。安政六年、赤沢文治（川手文治郎）が創始

黒住教　教派神道の一つ。文化十一年、黒住宗忠が創始

「泣き面に蜂」　不運や不幸なことの上にさらに不運や不幸が重なること。「江戸いろはカルタ」の一つ

石橋さん　本全集第二十九巻「宗教問答篇」中巻第四章、第三十巻「宗教問答篇」下巻第七章、第四十二巻「久遠仏性篇」第三章等参照

感応　心が感じとりそれに反応すること

すから紙に書かなくとも、心の世界《せかい》にハッキリ強く描《えが》いたならばそれが現《あらわ》れて来るという事《こと》を、イエス・キリストは「汝《なんじ》ら求むる物《もの》を神に祈《いの》るとき、既《すで》にそれを受けたりと信ぜよ。然《さ》らば受けん」というような言葉でいっておられるのであります。祈りが求むる事を成就《じょうじゅ》することになりますのは、祈りは事物《じぶつ》を心にハッキリ描《えが》く作用《さよう》であるからであります。供給《きょうきゅう》は祈るも祈らぬも既《すで》に与えられている。栓《せん》を捻《ひね》ったら直《す》ぐ出るように、もうそこまで来ているのでありますけれど、祈りは心にそれをハッキリと描く作用によって栓を開《ひら》くのであります。ですから、この水道《すいどう》の栓を如何《いか》にうまく捻《ひね》って神様《かみさま》の無限供給《むげんきょうきゅう》を引出《ひきだ》すかということが、現象界《げんしょうかい》の人生《じんせい》を幸福《こうふく》に生きて行《ゆ》く上《うえ》に問題《もんだい》になるのであります。これさえうまくやれましたならば、吾々《われわれ》の住むこの世界はこのまま無限供給、このまま病気《びょうき》も不幸《ふこう》もない世界が現《あらわ》れて来《き》、地上《ちじょう》がそのまま天国《てんごく》になるはずであります。生長《せいちょう》の家《いえ》は如何《いか》にしてこの既《すで》に与えられているところの神の幸福の無限供給をこの現世《げんせ》に引出《ひきだ》したら

「汝ら求むる…」『新約聖書』「マルコ伝」第十一章にあるキリストの言葉
然らば　それでは。それならば
現世　現在生きている世界。この世

いいかということを研究《けんきゅう》しその方法《ほうほう》を発表《はっぴょう》しているのでありまして、それを『生命《せいめい》の實相《じっそう》』に書いて発表しておきましたところが、皆《みな》さんがその通《とお》り行《おこな》ってみて「成《な》る程《ほど》、そうじゃ」と体験《たいけん》して下《くだ》さったのであります。

無限供給《むげんきょうきゅう》と申《もう》しましても、無限供給の中《なか》には、金《かね》の無限供給も、職業《しょくぎょう》の無限供給もあり、そのほか、生命《せいめい》の無限供給もあれば、智慧《ちえ》の無限供給もあり、ありとし有《あ》らゆる種類《しゅるい》の無限供給を既に吾々《われわれ》は神の子として神から与えられているのであります。それが得《え》られるか得《え》られないかは、ただ一《ひと》つ実相《じっそう》の扉《とびら》の開《ひら》き方《かた》にあります。扉を開《ひら》くには鍵孔《かぎあな》に鍵《かぎ》の形《かたち》が合わなければならない。鍵孔《かぎあな》と鍵の形との類似《るいじ》という事が必要《ひつよう》なのであります。既《すで》に与えられている無限供給の実相を引出《ひきだ》すには実相と同じ形の鍵を以《もっ》て開《ひら》く——実相と同じ念《ねん》を起《おこ》せばよいのであります。偉《えら》そうにいっても生活《せいかつ》に困《こま》ったり、家庭《かてい》が不和《ふわ》であったり、現象界《げんしょうかい》が整《ととの》わないのは、実相の鍵孔《かぎあな》と同じ形の鍵に自分《じぶん》の心がなっていない証拠《しょうこ》で、悟《さと》りが開《ひら》けていないのであります。

二、真諦《しんたい》と世諦《せたい》

実相《じっそう》というのは仏教《ぶっきょう》の方《ほう》では第《だい》一義諦《ぎたい》とか真諦《しんたい》とか申《もう》します。そして病気《びょうき》が治《なお》り、無限供給《むげんきょうきゅう》が顕《あらわ》れ、治国平天下《ちこくへいてんか》が現象界《げんしょうかい》へ出て来るのを世諦《せたい》と申します。世俗《せぞく》の生活《せいかつ》の上《うえ》に真理《しんり》が現《あらわ》れて来るのを世諦《せたい》が成就《じょうじゅ》すると申すのであります。世間《せけん》には真諦《しんたい》ばかり、真理ばかりが尊《とうと》いので、世諦《せたい》などは第《だい》二段《だん》のものだと軽蔑《けいべつ》なさる方《かた》がありますが、それでいて毎朝御飯《まいあさごはん》をお喫《あが》りになりますのは世諦《せたい》の方《ほう》でございます。世諦《せたい》が当《あた》り前《まえ》に出来《でき》るのは、心の鍵《かぎ》の形《かたち》が実相の宝庫《ほうこ》の鍵孔《かぎあな》の形に一致《いっち》しているからでございます。理窟《りくつ》では親《おや》をやり込めたつもりでも、親の恩《おん》を忘れてみたり、親に迷惑《めいわく》を掛《か》けて何《なん》とも思わなかったり、収入《しゅうにゅう》がなくて支払《しはら》いに困《こま》るようなのは、心の鍵が実相の鍵孔《かぎあな》に合っていない証拠《しょうこ》です。吾々人間《われわれにんげん》はすべて実相は神の子であり、無限富者《むげんふうしゃ》な

頭注版㊱五頁

治国平天下　『礼記』の「大学」にある言葉。国を治めて天下を平らかにすること

る神の後嗣者《あとつぎ》として無限供給《むげんきょうきゅう》の宝庫《ほうこ》を擁《よう》しているのに、その宝庫をひらく事《こと》が出来《でき》ないのはまだ一人前《いちにんまえ》になっていない証拠《しょうこ》です。それを如何《いか》に、この世《よ》の中《なか》へ導《みちび》き出《だ》して来るかということが、世諦《せたい》の成就《じょうじゅ》であります。世諦《せたい》の成就如何《じょうじゅいかん》は鍵《かぎ》の形《かたち》の正不正《せいふせい》を顕《あらわ》しているので、趙州和尚《じょうしゅうおしょう》が「御飯《ごはん》をたべたら、茶碗《ちゃわん》を洗え」といわれたのはそこであります。教《おし》えの中《なか》で御飯《ごはん》を食べさせて戴《いただ》きながら自分一人《じぶんひとり》で御飯《ごはん》が食べられるようになったといって、親の茶碗に砂《すな》を入れておくというやり方《かた》は感心《かんしん》しません。世諦《せたい》の成就《じょうじゅ》の方《ほう》は仏教《ぶっきょう》では「三界《さんがい》は唯心《ゆいしん》の所現《しょげん》である」というような言葉で現《あらわ》されております。『華厳経《けごんきょう》』の中《なか》には「心は工《たく》みなる画師《えし》の如《ごと》く、法《ほう》として造《つく》らざるはない。総《すべ》てのものは心がこれを描《えが》いて造るのである」と書いてあります。これは世諦《せたい》であって変化《へんか》する現象界《げんしょうかい》の方《ほう》であります。これは仏教でありますが、総《すべ》ての宗教には真諦《しんたい》と世諦《せたい》と両方《りょうほう》あるのでありまして、その真諦《しんたい》を握《にぎ》った時《とき》に、世諦《せたい》が自然《しぜん》に成就《じょうじゅ》せられて来ることになるのであります。「法爾《ほうに》として

擁する　持っている

趙州和尚　趙州従諗。七七八〜八九七年。中国・唐代の禅僧。著者による『無門關解釋』第七則等に詳しい

『華厳経』『大方広仏華厳経』の略称。大乗仏教で最も重要な経典の一つ

「心は工みなる…」『華厳経』「唯心偈」の冒頭の四句「心如工画師　画種種五陰　一切世界中　無法而不造」

自然《じねん》」という言葉がありますが、これは真諦《しんたい》(法《ほう》)が、法さながらに自然《しぜん》に現《げん》象界《しょうかい》に動き出して来る状態《じょうたい》を形容《けいよう》する言葉であります。真諦《しんたい》と世諦《せたい》とを二《ふた》つにわけて考えるのが間違《まちが》いでありまして、真諦《しんたい》が悟《さと》れるから法爾自然《ほうにじねん》に世《せ》諦《たい》が整《ととの》うのであります。世諦《せたい》の方《ほう》を何《なに》か迷信《めいしん》であるとか或《あるい》は現世利益《げんぜりやく》であるとかいって排斥《はいせき》するには及《およ》ばないのであります。世《よ》には、宗教《しゅうきょう》に於《おい》て現世《げんぜ》利益《りやく》を排斥する人《ひと》は多いのでありますけれども、実際生活《じっさいせいかつ》の上《うえ》で人間《にんげん》が現世《げんぜ》利益《りやく》を皆《みん》な求めているというのは事実《じじつ》なのであります。吾々《われわれ》は朝起きて顔《かお》を洗う――これは現世利益《げんぜりやく》を実行《じっこう》しているのであります。やがて飯《めし》を食《く》う。これも現世利益《げんぜりやく》であります。排便《うんこ》をする、これも現世利益《げんぜりやく》であります。毎日《まいにち》毎日吾々《われわれ》は現世利益《げんぜりやく》を実行している。これは、真理《しんり》が現《あらわ》れて、顔を洗い、飯《めし》を食い、大便《だいべん》を放《ひ》っているのであります。皆大法《みなたいほう》の顕《あらわ》れであります。大法《たいほう》さながらの顕《あらわ》れであるから、これを法爾自然《ほうにじねん》と申《もう》すのであります、大法現成《たいほうげんじょう》です。柳《やなぎ》が緑《みどり》、花が紅《くれない》であるのも大法現成《たいほうげんじょう》です。そう申しますと、借金《しゃっきん》して

さながら　そのまま

現世利益　現実生活でお蔭を得ること

大法　仏の教えを尊んで言う語

現成　仏教語。何も造作することなく、自然に目前にあらわれていること

柳が緑、花が紅　北宋の詩人蘇軾（そしょく）の「柳緑花紅真面目」より。柳は緑色をしており、花は紅に咲くように、自然そのままであること

返済《へんさい》出来《でき》ないとか、恩人《おんじん》の顔《かお》に泥《どろ》を塗《ぬ》るとかするのは大法現成《たいほうげんじょう》かという人《ひと》があるかも知れませぬが、これは大法現成《たいほうげんじょう》ではありませぬ。小法現成《しょうほうげんじょう》であります。大法《たいほう》から何《なに》かがマイナスされているのです。法爾《ほうさなが》らの自然《しぜん》の顕《あらわ》れではなくて、法が迷《まよ》いに隠蔽《いんぺい》されて不完全《ふかんぜん》に顕《あらわ》れているので、これではいけませぬ。悟《さと》った生活《せいかつ》は、真諦《しんたい》と世諦《せたい》とぴったり裏表《うらおもて》にならなければいけないのであります。世諦《せたい》がぴったり真諦《しんたい》と裏附《うらづ》けになってこの世《よ》の中《なか》に法さながらに実現《じつげん》しないような生活でありましたならば、それはどこかに真理《しんり》を隠《かく》し、実相《じっそう》を蔽《おお》うている処《ところ》があるのであります。水道《すいどう》の水は、無限水量《むげんすいりょう》の貯《ちょ》水池《すいち》からそこ迄《まで》、ズッと来ているのですけれども、水の出方《でかた》が足りないのは、栓子《コック》の捻《ひね》り方《かた》が足りないように、何《なに》かひねり方《かた》に不完全なところがあるに違《ちが》いないのであります。この無限水量の栓子《コック》の捻《ひね》り方《かた》を教《おし》えるのが生長《せいちょう》の家《いえ》であります。

顔に泥を塗る　目上の人に恥をかかせること

隠蔽　所在や真相を隠しておおうこと

三、体験記録《たいけんきろく》の集積《しゅうせき》は科学《かがく》である

生長《せいちょう》の家《いえ》には体験談《たいけんだん》というのがありまして、誌友《しゆう》たちが御自分《ごじぶん》で、私の書いた『生命《せいめい》の實相《じっそう》』をお読みになりまして真諦《しんたい》を握《にぎ》られた結果法爾自然《けっかほうにじねん》に実際生活《じっさいせいかつ》にあらわれて来たところを御発表《ごはっぴょう》になるのでありまして、以前《いぜん》にも申《もう》しましたが総《すべ》ての科学というものは体験の集積であります。科学者《かがくしゃ》が、ある条件《じょうけん》の下《もと》に於《おい》て実験室《じっけんしつ》に於《おい》て体験せられる事実《じじつ》の体験記録——これを抜《ぬ》きにしましては、科学というものは存在《そんざい》し得《え》ないのであります。ニュートンが林檎《りんご》の落ちるのを見て万有引力《ばんゆういんりょく》を発見《はっけん》したというのもこれはニュートンの体験であります。ニュートンだけが体験したのであったら又嘘《またうそ》かも知れぬのです。ところが他《ほか》の人《ひと》も亦《また》やはり物体《ぶったい》が上から下へ落下《らっか》するという事実を見ましてその体験録《たいけんろく》を発表《はっぴょう》したのです。そして誰《たれ》も彼《かれ》も皆《みん》なよく似《に》た体

頭注版㊱八頁

集積　集まって積もること

誌友　狭くは月刊誌『生長の家』の読者を指し、広くは「生長の家」信徒を指す

ニュートン　Isaac Newton 一六四三〜一七二七年。イギリスの物理学者、天文学者、数学者。万有引力の法則を導入し、ニュートン力学を確立した。光のスペクトル分析、微積分法の確立等の業績がある

万有引力　質量を有するすべての物体の間に働くと考えられている引力

験録を発表《はっぴょう》したものですから、そこでなるほど万有引力《ばんゆういんりょく》というものは存在《そんざい》するのであるという科学《かがく》が確立《かくりつ》したのであります。尤《もっと》も物体《ぶったい》は必《かなら》ずしも上から下へ落下《らっか》するものではありません。軽い物体や微小《びしょう》な塵埃《じんあい》は逆《ぎゃく》に下から上へ上《のぼ》るような例外《れいがい》もあります。それにはそれで又理由《またりゆう》があるのであります。しかし万有引力《ばんゆういんりょく》は肯定《こうてい》せられました。『生命《せいめい》の實相《じっそう》』を読んでも必ずしも全《ぜん》部《ぶ》の人《ひと》の病気《びょうき》が治《なお》っているわけではありません。治《なお》らないような例外もあります。しかし、それでも実際無数《じっさいむすう》の多くの病人《びょうにん》の治《なお》った体験談《たいけんだん》がある以上《いじょう》『生命《せいめい》の實相《じっそう》』を読んで病気が治《なお》るということは、例外があって綿《わた》や埃《ほこり》が空《くう》中《ちゅう》に舞《ま》い上《あが》ることがあっても「物体の落下」を原則《げんそく》として肯定しなければならないと同じように肯定しなければならないのです。読者《どくしゃ》のうちにはお蔭《かげ》を受けて感謝《かんしゃ》の心は有《も》っているが、その体験談を発表することを何《なに》かつまらないことのように御遠慮《ごえんりょ》なさる人があるかも知れませぬが、体験《たいけん》記録《きろく》は人生《じんせい》という実験室《じっけんしつ》に於《お》いて真諦《しんたい》、即《すなわ》ち本当《ほんとう》の真理《しんり》を握《にぎ》ったら、世諦《せたい》がこんなに成《じょう》就《じゅ》したという体験《たいけん》を蒐集《しゅうしゅう》し積上《つみあ》げて整理《せいり》して行《ゆ》くことによって、こんな心を持てばこうなるという科学的《かがくてき》に重大《じゅうだい》なる真理《しんり》を立証《りっしょう》する事実《じじつ》を寄与《きよ》して下《くだ》さるわけであります。酸素《さんそ》と水素《すいそ》とを結合《けつごう》させたら水になったという体験《たいけん》記録《きろく》の発表《はっぴょう》も尊《とうと》いことでありますならば、人間《にんげん》というものに生命《せいめい》の実相《じっそう》の真理《さとり》を加えたらこういう結果《けっか》を得《え》たという体験記録の発表は尚々重要《なおなおじゅうよう》なことであります。

蒐集　ある品物や資料などを色々と集めること
寄与　与えること。貢献すること
尚々　ますます。一層

四、現象界《げんしょうかい》は心の描《えが》く相《すがた》

心に神の無限供給《むげんきょうきゅう》をハッキリ自覚《じかく》したら自然法爾《じねんほうに》に自分《じぶん》の行《おこな》いも整《ととの》うて来《き》、人《ひと》からも好感《こうかん》を受けて、それが形《かたち》の世界《せかい》に無限供給として現《あらわ》れて来るということが皆《みな》さんの数々《かずかず》の体験によって実証《じっしょう》せられまして、それが体系《たいけい》づけられましたなら、それは一《ひと》つの科学《かがく》だということになるのであります。

頭注版㊱一〇頁

科学《かがく》というものは何《なに》も必《かなら》ずしも目に見えるもの、物質《ぶっしつ》だけの実験《じっけん》による体《たい》験記録《けんきろく》でなければならぬということはないのであります。目に見えない材《ざい》料《りょう》、心の材料というものも、その体験をずっと重ねて行《ゆ》きまして、それを一《いっ》貫《かん》した法則《ほうそく》があるということが発見《はっけん》されましたならば、それは精神科学《せいしんかがく》の法則だということになります。この精神科学の法則というのを、生長《せいちょう》の家《いえ》では「心の法則」とこういっているのであります。これを、宗教的用語《しゅうきょうてきようご》でいいますならば「三界《さんがい》は唯心《ゆいしん》の所現《しょげん》」という釈迦《しゃか》の言葉や「汝《なんじ》の信仰《しんこう》汝《なんじ》を癒《いや》せり」というようなキリストの言葉となって表現《ひょうげん》されるのであります。キリストが「汝《なんじ》の信仰 汝《なんじ》を癒《いや》せり」といっておられるのは、キリストが縁《えん》となって病人《びょうにん》の信仰が喚起《かんき》されて、その信仰の力《ちから》で病気《びょうき》が治《なお》ったとこういっておられますのですが、「病気」というものは、必ずしも肉体《にくたい》だけの病気ではないのであります。金《かね》の無《な》いのもやはり経済《けいざい》の病気でありまして、「金欠《きんけつ》病《びょう》」と名づけた人《ひと》もあります。病気というものはすべて生命《せいめい》の完全《かんぜん》な働《はたら》き

「汝の信仰…」『新約聖書』「マルコ伝」第五章にあるキリストの言葉

喚起　よびおこすこと

が、そこに現《あらわ》れていない状態《じょうたい》を指《さ》すのであります。生命《せいめい》の働《はたら》きが完全《かんぜん》に何《なん》の故障《こしょう》もなしに経済界《けいざいかい》に現《あらわ》れたら経済《けいざい》の故障即《すなわ》ち貧乏《びんぼう》ということは無《な》くなるわけであります。経済界が融通無碍《ゆうずうむげ》に運転《うんてん》しないというのは完全に生命《せいめい》の働きが現《あらわ》れていないということですから、やはり一種《いっしゅ》の病気《びょうき》であります。貧乏が病気であるということが判《わか》れば、貧乏即《すなわ》ち経済の病気を治《なお》すにはどうしたら好《よ》いかということも自《おの》ずから判《わか》って来なければならない。即《すなわ》ち生命《せいめい》が生《い》き生《い》きと働き、心の働きが融通無碍《ゆうずうむげ》になってきた時《とき》に、どんな事件《じけん》にも魔誤《まご》つかない智慧分別《ちえふんべつ》が湧《わ》いて来て、経済状態《けいざいじょうたい》も自然《しぜん》とよくなって来るのであります。

心の働きが融通無碍《ゆうずうむげ》になると申《もう》しますと、その「心」というものは、それはどこにあるのだ、ひとつ、その「心」を捉《とら》えて自由自在《じゆうじざい》に働かせてみたいと被仰《おっしゃ》るかも知れません。さてこの「心」はどこにあるかと申しますと、皆《みな》さんは「心」をこの頭《あたま》の中《なか》にあるのだと思っていられるかも知れません。

融通無碍　何ものにもとらわれずに自由自在であること

そして心の働《はたら》きが鈍《にぶ》って来たら頭《あたま》が悪くなったといい、心の働きがよくなって来たら頭が良《よ》いといい、あの人《ひと》の頭は素晴《すば》しくよく働くようになったという。そして金儲《かねもう》けのことなんかも、頭が円滑《えんかつ》に働いて抜《ぬ》け目《め》なく立働《たちはたら》いたら経済状態《けいざいじょうたい》がよくなるんだ――こうお考えになるのは、これは普通《ふつう》の常識《じょうしき》であります。ところが、これだけではさっき石橋《いしばし》さんがお話しになりました実話《じつわ》では説明《せつめい》がつきません。ああいう実話の説明が合理的《ごうりてき》に成立《なりた》ったためには「心」というものは、頭脳《ずのう》だけの化学作用《かがくさよう》だというような唯物的《ゆいぶつてき》な考えから脱却《だっきゃく》しなければならないのであります。心はどこにあるかという問《もん》題《だい》は、これは宗教上《しゅうきょうじょう》の大問題《だいもんだい》でありまして、未《いま》だかつて心は「ここにある」と断然明瞭《だんぜんめいりょう》に指差《ゆびさ》した人はないのであります。無論《むろん》お医者《いしゃ》さんは大脳《だいのう》から心の作用《さよう》が発現《はつげん》するということを認《みと》めておられます。けれども、心の作用が大脳から「発現」するからとて、必《かなら》ずしも医師《いし》は大脳に心があるとはいわないのであります。もし「心」が大脳にあるというならその大脳を剖《き》り開《ひら》

抜け目ない　利益になる機会をのがさない。ぬかりない

発現　あらわれ出ること

いてどこにあるか見せてみよといって、大脳《だいのう》を切刻《きりきざ》んでみたところでどこにも「心」は見つからないのであります。そうすると「心」が大脳にあるという証拠《しょうこ》はない。昔《むかし》の人《ひと》は「心」をお腹《なか》にあると思って、自分《じぶん》のお腹《なか》の清《きよ》らかなことは是《こ》れこの通《とお》りだ、見てくれといって切腹《せっぷく》したこともあります。今《いま》でも「心」を腹《はら》にあると思っている人があると見えて、あの人の腹《はら》は黒いとか、あの人の腹《はら》は綺麗《きれい》とかいう人もあります。それが段々近代《だんだんきんだい》に近附《ちかづ》いて来ますと、「心」の所在地《しょざいち》が上へあがってきまして、「万事《ばんじ》私の胸三寸《むねさんずん》にある」などいうようなことになって来たのであります。更《さら》に最近代《さいきんだい》になって来ますと、その胸三寸《むねさんずん》が益々《ますます》上へあがってまいりまして、この頃《ごろ》では「心」は頭にあるということになってしまったのでありますが、ところが心はその頭にもないということに説《と》いてまいりますと、「心」は肉体《にくたい》のどこにもない、「心」は虚空《こくう》にあるということになって来たのであります。そうです、吾々《われわれ》の心は腹《はら》にもなければ、胸《むね》にもない、頭にもない。それではその腹と胸と頭の外《そと》に

胸三寸 胸の中。心の中にある考え

虚空 さえぎるものが何もない空間。大空

あるかというとそうでもない。内《うち》にもなければ外にもない。『維摩経《ゆいまきょう》』には「心は内《うち》に住《じゅう》せず、外に住せず、その中間《ちゅうかん》にも住せず」と書いてありますが、それでは一体《いったい》「心」はどこにあるかというと、どこにでも「心」はあるのであります。「心」は一切所《いっさいしょ》にあって一切《いっさい》のものを現《あらわ》しているのでありま す。吾々《われわれ》の頭脳《ずのう》から出る心の作用《さよう》は、それはただ一部分的《ぶぶんてき》の働《はたら》きであって、本当《ほんとう》は、心は到《いた》る処《ところ》にあって、そうして到る処《ところ》に満《み》ちているのがそれが「本当の心」「全体《ぜんたい》の心」であって、この「全体の心」が神の生命《いのち》なのです。その神の生命《いのち》が一人一人《ひとりひとり》の脳髄《のうずい》に反射《はんしゃ》して、そこに「心」の輝《かがや》きを示す――これが個人《こじん》の心でありまして、完全《かんぜん》に全体の心――神の心を反射した者《もの》はその人の心が神に近いのでありますが、色々大脳《いろいろだいのう》の組織《そしき》や、本人《ほんにん》の体験《たいけん》の集積《しゅうせき》に反射しまして、その反射する際《さい》に分光《ぶんこう》を生《しょう》じたり屈折《くっせつ》したりしまして、そうして外界《がいかい》へ精神作用《せいしんさよう》として現《あらわ》れて来るのであります。そこで個人の心は同じように神の心を反射せしめながら個性《こせい》も相異《そうい》すれば、天分《てんぶん》も相異し、能《のう》

『維摩経』『維摩詰所説経』の略。大乗経典。在家信者の維摩詰と釈迦の弟子・文殊菩薩との問答形式。本全集第五十・五十一巻「宗教戯曲篇」中・下巻「釈迦と維摩詰」参照

分光　光をスペクトルに分けること

天分　持って生まれた性質・才能

力《りょく》も相異《そうい》するということになっております。一《ひと》つの太陽光線《たいようこうせん》でもそれを屈折《くっせつ》する三角硝子《プリズム》が変《かわ》って来ると、その光《ひかり》の分光作用《ぶんこうさよう》がそれだけ相異して来て、色々《いろいろ》の色合《いろあい》が顕《あらわ》れて来るようなものです。一つの太陽《たいよう》の無色光線《むしょくこうせん》が三角硝子《プリズム》で虹《にじ》のように色々の色彩《しきさい》をもって顕《あらわ》れて来る――これが個人《こじん》の精神作用《せいしんさよう》であります。さてこの三角硝子《さんかくガラス》のプリズムを毀《こわ》してしまうと眼《め》に見える有色《ゆうしょく》光線《こうせん》は消えてしまい、虹《にじ》は消えてしまう。けれども太陽光線は依然《いぜん》として存《そん》在《ざい》していて消えたのではない。そこで三角硝子《さんかくガラス》のプリズムの働《はたら》きをしている吾々《われわれ》の脳髄《のうずい》を毀《こわ》してしまったら出て来ないじゃないか、だから「心」は脳髄《のうずい》にあるのだというような理論《りろん》は成立《なりた》たないのであります。その筆法《ひっぽう》で行《ゆ》きますと、三角硝子《プリズム》を毀《こわ》したら七色《ななしょく》は顕《あらわ》れなくなったから、七色《ななしょく》は三角硝子《プリズム》にあって太陽《たいよう》にはないのだということになります。しかし誰《たれ》でも虹《にじ》の七色《ななしょく》の根源《こんげん》は太陽にあるのであって、三角硝子《プリズム》にないことを知っていましょう。それと同じく色々個性《こせい》を以《もっ》て顕《あらわ》れている個人の心の本源《ほんげん》は「天地普遍《てんちふへん》の心」

プリズム　光を分散・屈折・反射などをさせるための透明な多面体

筆法　文章の書き方

――すなわち「神の心」にあるのであって、個人《こじん》の脳髄《のうずい》にはないのであります。個人の脳髄はただ全体《ぜんたい》の心を透過《とうか》し屈折《くっせつ》し、反射《はんしゃ》する媒介《ばいかい》になるのであります。だから、まだ個性的《こせいてき》に分《わか》れないところの「宇宙普遍《うちゅうふへん》の心」というものは、吾々《われわれ》の肉体《にくたい》の内《うち》でもなければ、外《そと》でもない。一切《いっさい》のところにあって、そうして吾々《われわれ》すべての人間《にんげん》、すべての事物《じぶつ》に共通《きょうつう》のものであって、互《たがい》に繋《つな》がり合っているのであります。心が宇宙普遍のものであって、互《たがい》に繋《つな》がっているから、そこで今《いま》いわれた石橋《いしばし》さんがお話しになったように、個人が「無限供給《むげんきょうきゅう》」を自覚《じかく》したときに、その自覚した程度《ていど》に、「宇宙普遍の心」――神の心――が反映《はんえい》して無限供給が現実界《げんじつかい》へ顕《あらわ》れて来たのであります。「無限供給」と大きな紙に書いて貼《は》ったから無限供給が来たのではない。紙の大小《だいしょう》は問題《もんだい》ではない。ただあの場合《ばあい》は、自覚の大小がその行為《こうい》に反映して「無限供給」と紙に書いて貼らせたことになったのであります。自覚さえ強ければ紙に書いて貼る必要《ひつよう》はないのでありますが、売薬《ばいやく》の広告《こうこく》でも大きな

透過　光などが通り抜けること
媒介　なかだち

紙(即《すなわ》ち新聞《しんぶん》紙《し》全頁《ぜんページ》大《だい》)に書いて広告《こうこく》するとそれに刺戟《しげき》されて「効《き》く効《き》く」と思って服《の》むとそれが効《き》く。そして、「あの薬《くすり》はよく効《き》いた」ということになる。広告の大小《だいしょう》、即《すなわ》ち紙の大小は信念《しんねん》を起《おこ》す方便《ほうべん》であって、治《なお》るのは信念の功徳《くどく》です。「汝《なんじ》の信仰《しんこう》汝《なんじ》を癒《いや》せり」というのも信念の功徳《くどく》でありまして、「神は無限《むげん》供給《きょうきゅう》の本源《ほんげん》であり、吾《われ》は神の子であるから、無限の供給は来るのだ」かく信じ、かく行《ぎょう》じた時《とき》に、その信念が宇宙普遍《うちゅうふへん》の心に感応《かんのう》して宇宙普遍の心が、ラジオが電波《でんぱ》を伝わって来るように、宇宙間《うちゅうかん》の適当《てきとう》の知人《ちじん》の心に感応《かんのう》するわけです。そこで、その感応《かんのう》を受けた知人の脳裡《のうり》に「あの人《ひと》に金《かね》送ってあげたい」というような心持《こころもち》が何《なん》となく起《おこ》って来る。吾々《われわれ》は原因《げんいん》もないのに時々《ときどき》ヒョッコリ古い知人のことを思《おも》い浮《うか》べることがあるのはそれです。あの人に見舞状《みまいじょう》を差上《さしあ》げたい、随分今迄《ずいぶんいままで》疎遠《そえん》にして申訳《もうしわけ》がないというような感《かん》じが起《おこ》って来る。石橋《いしばし》さんの御話《おはな》しになった例《れい》では、「神は無限供給だ」という念《ねん》が起《おこ》って来た時にその人に郷土史編纂費《きょうどしへんさんひ》としてともかくも

方便　ある目的のために便宜的に使う手段

功徳　神仏の恵み。御利益(ごりやく)

脳裡　頭の中や心の中

疎遠　音信や訪問が久しく途絶えているさま

五百円あげたいという念《ねん》が知人《ちじん》の心に何《なん》となしに起《おこ》って来たのであります。では、その心の本《もと》はどこにあるかというと、甲《こう》の人の心でもなければ、乙《おつ》の人の心でもない。甲《こう》なる人と乙《おつ》なる人とを繋《つな》いでいるところの宇宙普遍《うちゅうふへん》の心というものが媒体《ばいたい》となり、仲立《なかだち》となって、それが波《なみ》となって伝わって行《ゆ》く。そこに甲《こう》になくてはならぬものを乙《おつ》が差上《さしあ》げたいという精神感応《せいしんかんのう》が起《おこ》って来るのであります。ですから、吾々《われわれ》が一人《ひとり》でも真《しん》に宇宙普遍の心に打《う》ち委《まか》せたような心になって思うということは、非常《ひじょう》に力《ちから》の強いものなのであります。「一人《ひとり》思う時《とき》に二人《ふたり》と思え、その一人《ひとり》は親鸞《しんらん》なり」と親鸞聖人《しんらんしょうにん》はいわれたそうでありますが、一人《ひとり》で思っている時は二人《ふたり》で思っていることであるという——そのもう一人《ひとり》は親鸞《しんらん》であるというよりも、本当《ほんとう》はそのもう一人《ひとり》は「宇宙普遍の心」なのです。「宇宙普遍の心」と「自分《じぶん》」とそれが一緒《いっしょ》に思っているのであります。神の子が思う事《こと》は、神の父が思っていて下《くだ》さるのです。自分に思うことは、宇宙普遍の心が一緒《いっしょ》に思ってくれるのです。誰《たれ》でも心に

五百円　現在の約百万〜百五十万円に相当する

甲　複数の人・物・事柄があるとき、その一つを名前に代えて言うときの第一番目の語

乙　甲の次に来る語

媒体　伝達の媒介の役目をするもの

「一人思う時…」　弘長二年十一月付けの親鸞聖人の臨終にあたっての言葉「御臨末の御書」にある言葉。上記にあたる部分は「一人居て喜はば二人とおもふべし、二人寄て喜ばば三人と思ふべし、その一人は親鸞なり。」

親鸞聖人　承安三〜弘長二年。鎌倉時代の僧。浄土宗の開祖法然の弟子。浄土真宗の開祖

思い言葉に喋《しゃべ》ることは、宇宙普遍《うちゅうふへん》の精神《せいしん》ラジオの波《なみ》と一緒《いっしょ》に思い、一緒に喋っているのです。思いの通《とお》りに、言葉の通りに宇宙普遍の創《そう》化力《かりょく》は作用《はたら》くのです。そこで受信機《じゅしんき》として相応《ふさわ》しい人間《にんげん》の所へその精神波動《せいしんはどう》が感応《かんのう》するのであります。こういうように、吾々《われわれ》の思いというものは非常《ひじょう》に尊《とうと》いものであります。神想観《しんそうかん》の力《ちから》も、祈《いの》りの力も吾々《われわれ》の「思い」の力でありますが、これを吾々《われわれ》は光明霊波《こうみょうれいは》の感応《かんのう》と申《もう》しておりますが、それが如何《いか》に作用《さよう》するものであるかということは既《すで》に多くの人《ひと》に対《たい》する遠隔治療《えんかくちりょう》の実績《じっせき》によっても証明《しょうめい》されており、上海事変《シャンハイじへん》に於《お》ける不思議《ふしぎ》な事実《じじつ》ともなって顕《あらわ》れ、石橋《いしばし》さんの話されたような無限供給《むげんきょうきゅう》の創化作用《そうかさよう》ともなって顕《あらわ》れてくるのであります。無限供給は既《すで》に与えられている、出口《でぐち》のそこまで来ているのです。ただ栓《せん》を開《ひら》けば好《よ》いのです。栓《せん》を開く第《だい》一は「思い」の力であります。思いの力発《はっ》して言葉の力起《おこ》り、言葉の力発《はっ》して、それが行《ぎょう》の力となって発現《はつげん》し、それが現《げん》実《じつ》にまで具象化《ぐしょうか》して来るのであります。しかし元《もと》はといえば「思い」の力

創化力　形がなかったものを形に現し出す力

神想観　著者が啓示によって得た坐禅に似た観法。本全集第十四、十五巻「観行篇　神想観実修本義」参照

遠隔治療　遠く離れた所から念を送って病人の心に作用させて病気を治すこと

上海事変　昭和七年一月二十八日に上海で起こった日本と中華民国との戦闘。本全集第一巻「光明篇」第二章九四頁、第十一巻「実証篇」一一二頁参照

具象化　形になってあらわれること

ならざるはないのであります。「思い」の力《ちから》にこんなに創《そう》化力《かりょく》があるのは、吾々《われわれ》が物《もの》を思うとき、自分《じぶん》の思いと共《とも》に神が思っていて下《くだ》さる――神と二人《ふたり》で思っているからであります。ですから「智慧《ちえ》の言葉」のなかには、「汝《なんじ》の悩《なや》みを神に委《ゆだ》ねよ」というのがあります。神に委《ゆだ》ね、神に委《まか》せて神と一体《いったい》になることが真諦《しんたい》を悟《さと》ることで、真諦《しんたい》を悟って世諦《せたい》が調《ととの》い、真理《しんり》を悟って現世《げんぜ》利益《りやく》が調うのであります。現世《げんぜ》利益《りやく》は迷信《めいしん》でも邪信《じゃしん》でもない。正しい悟りに伴《ともな》う事実《じじつ》なのであります。

五、排便《うんこ》の出ない赤《あか》ん坊《ぼう》

ここに私の書いている少年少女《しょうねんしょうじょ》の修養雑誌《しゅうようざっし》『光《ひかり》の泉《いずみ》』六月号《がつごう》がありますが、この小さな易《やさ》しい雑誌《ざっし》の記事《きじ》で、三人《にん》の医者《いしゃ》が手を離《はな》した腸捻転《ちょうねんてん》の子供《こども》の生命《せいめい》を救《すく》った実話《じつわ》があります。どんな記事か一度《ど》読んでみます。（以《い》

「智慧の言葉」 真理を短文で書き表した著者の箴言集。本全集第三十四巻「聖語篇」に収録

頭注版㊱一七頁

腸捻転 腸の一部が強くねじれて腸管の通過障害症状と血行障害を起こす疾患

下《か》の一節《せつ》『光《ひかり》の泉《いずみ》』昭和《しょうわ》十二年《ねん》六月号《がつごう》より再録《さいろく》）
「……ところが、この若いお母さんは、お礼《れい》をいわれるだけで、もうおしまいかと思っていましたら、背中《せなか》の赤ちゃんがムズかり出しました。お母さんは赤ちゃんを安慰《あや》すように揺《ゆ》すぶりながら、『ですけど、先生《せんせい》、ちょっとわたくし引掛《ひっかか》りました』といわれるのです。『何《なん》ですか。何《なに》に引掛《ひっかか》ったのですか』と私がいいますと、『先生、この赤ちゃん、ウンコが出ません。』『出るときが来れば出るでしょう。』『だけど先生、ほうっておいたら一週間《しゅうかん》でも十日《とおか》でも出ないのですもの。』『出なかったら、面倒《めんどう》がなくて助かりましょう。』『いいえ先生、赤《あか》ん坊《ぼう》はウンウン呻《うな》って泣き出して如何《いか》にも苦しそうです。』『何故《なぜ》ウンコが出ないのかあなたに判《わか》りませんか。』『判《わか》りません。先生にそれを教《おし》えて頂《いただ》こうと思ってまいりました。』『それはあなたの心が赤ん坊に引掛《ひっかか》っているからです。あなたは御自分《ごじぶん》でそう被仰《おっしゃ》ったじゃありませんか。』『ですけど……』『ですけど？　やはり引掛《ひっかか》らせておきたいです

ムズかる　幼児が機嫌を悪くして泣いたりすねたりすること

か？』『先生《せんせい》、心配《しんぱい》です。ウンコが出ないとウンウン呻《うな》るんで、赤《あか》ん坊《ぼう》が死にそうなんですもの。』『死ぬかも知れませんな。』『死んだら困《こま》ります。先生助けて下《くだ》さい。』『引掛《ひっかか》っていては思うように出ないのは当《あた》り前《まえ》じゃありませんか。だからその引掛《ひっかか》る心を捨《す》てなさい。出るべき時《とき》が来たら出るんですから。』『だって、ウンウン呻《うな》って死にそうなんですもの。浣腸《かんちょう》せねばいられません。』『浣腸したかったら、浣腸なすったらよろしい。』『ですけど、先生、いつまでも浣腸しなければ出ないでは、大人《おとな》になってから困《こま》るだろうと思います。』『困るでしょうね。』『先生困らせないようにして下《くだ》さい。』『困ると思うから困るようになるのです。困らないようになるには困ると思わぬことです。ウンコは出るようになっているのです。孔《あな》があるところに溜《たま》っているのですから、出るより仕方《しかた》がないのです。それが出ないのは、心にウンコが引掛《ひっかか》っているのです。』こう私は申《もう》しまして、この若いお母さんの恐怖心《きょうふしん》を除《と》ってあげるために、こんな話をしました。」――次に話

浣腸　便通を促したり栄養補給をしたりするために、肛門から薬液を注入すること

すところは本当《ほんとう》の話なのです。

六、人工肛門《じんこうこうもん》の小児《こども》の話

それはまだ穏田《おんでん》の私の宅《たく》で誌友《しゆう》たちが集《あつま》っていました頃《ころ》に、本所《ほんじょ》の魚屋《さかなや》さんの主婦《おかみ》さんだという人《ひと》がやって来られまして「この子供《こども》は大便《だいべん》が出ないでいつも浣腸《かんちょう》している。浣腸しないと一週間《しゅうかん》でも十日間《とおかかん》でも出ないのです」といわれるのです。「出なくたって構《かま》わないじゃありませんか。そんな穢《きたな》いものは出ない方《ほう》が都合《つごう》が好《よ》い。出ねばならぬ時《とき》が来たらいつでも出ますよ」私は例《れい》によって「出ない、出ない」とその事《こと》に引っかかっている魚屋さんの主婦《おかみ》さんの、その引っかかった心を解《ほぐ》す目的《もくてき》でこう申《もう》しました。ところが大《たい》変《へん》なのです。その主婦《おかみ》さんのいわれるには「しかし先生《せんせい》、これは当《あた》り前《まえ》の子じゃない。生《う》まれた時から肛門《こうもん》がなかったのです」といわれるのです。これで

頭注版㊱一九頁

人工肛門　直腸癌などの手術後に、大腸の一端を体外に出して設置された排泄口

穏田　著者が昭和九年に神戸より東京に移転して自宅を設けた地。現在の東京都渋谷区神宮前。当初は自宅が本部を兼ねており、誌友会が開催されていた

本所　現在の東京都墨田区の地名。旧東京市の区名

は大便《うんこ》が出ないのも無理《むり》はありませんね。つるつるのどこにも孔《あな》のない可愛《かわい》いお尻《しり》だったのです。ところが、これは大変《たいへん》だというので医者《いしゃ》に見せると、半日《はんにち》もこれを抛《ほう》っておいたら死んでしまうというのです。そこでこの辺《へん》というところを剖《き》って人工肛門《じんこうこうもん》を拵《こしら》えたというのです。皮膚《ひふ》と少し肉を切るとすぐそこに直腸《ちょくちょう》の出口《でぐち》があって、好《よ》い工合《ぐあい》に人工肛門が拵《こしら》えられました。ですから肛門《こうもん》はありますけれども、肛門括約筋《こうもんかつやくきん》はありません。その当時《とうじ》はいい加減《かげん》の大きさに拵《こしら》えてあったけれども、無理《むり》に皮膚と肉とに傷《きず》を拵《こしら》えて造《つく》った孔《あな》でありますから、子供《こども》がだんだん生長《せいちょう》するにつれて、傷口《きずぐち》であるところの人工肛門の肉が両方《りょうほう》から盛《も》り上《あが》ってきてだんだん狭《せま》くなってきたのです。肛門が狭くなってきたものだから出難《でにく》くなって来たのは無論《むろん》です。前々《まえまえ》から肛門括約筋《こうもんかつやくきん》がないのですから自由《じゆう》に括約筋《かつやくきん》を運動《うんどう》させて排便《うんこ》の調子《ちょうし》を謀《はか》るというようなことは出来《でき》ないので浣腸《かんちょう》をやって浣腸の刺戟《しげき》によって排便《はいべん》していたのですが、この頃《ごろ》では浣腸しても浣腸の刺戟だけではいい工合《ぐあい》

直腸　大腸の末端部で肛門に続く部分

括約筋　収縮によって肛門・胃の幽門部・尿道・瞳孔の虹彩などの器官を閉じる作用をする筋肉

に排便《はいべん》しなくなったという話なのです。そこで私は「心配《しんぱい》はない。肛門括約《こうもんかつやく》筋《きん》があってもなくても、それを動かし、それを生かしているのは神の働《はたら》きである、生きている以上《いじょう》は神がどうにかなさる、神を信じ神に頼《たよ》らないから不《ふ》安《あん》になる、あんたの心が引掛《ひっかか》っているからそういうふうに大便《うんこ》も出口に引掛《ひっかか》っていて出ないのだ」という話を申上《もうしあ》げたのでありました。「もう心配しないで、出る時《とき》が来たら神様《かみさま》が出して下《くだ》さるから、安心《あんしん》して出る必要《ひつよう》のある時は、出る出る、必《かなら》ず出る、神様と一緒《いっしょ》だということを思いなさい」と申上《もうしあ》げたのでありました。すると、数日後《すうじつご》にその主婦《おかみ》さんがやって来られて、その人工肛門《じんこうこうもん》の子供《こども》は浣腸《かんちょう》もどうもしないでも大便《うんこ》が出るようになったといわれました。その記事《きじ》がこの『光の泉《ひかりいずみ》』に書いてあったのです。

ところがこの『光の泉』が一人《ひとり》の赤ちゃんを助けたというのは、その頃《ころ》、北海道《ほっかいどう》の室蘭《むろらん》輪西町《わにしまち》に誌友相愛会《しゆうそうあいかい》を開《ひら》いておられた久保田修吾《くぼたしゅうご》さん（輪西製《わにしせい》鉄所所員《てつじょしょいん》）といわれる人《ひと》から手紙《てがみ》が来たのでありますが、この方《かた》の知合《しりあ》いの

誌友相愛会　各地で誌友（月刊誌の定期購読者や広くは生長の家の信徒）が集まって研鑽する会

方《かた》の赤ちゃんが腸捻転《ちょうねんてん》を起《おこ》したというのです。腸捻転《ちょうねんてん》というのは腸《ちょう》が捻《ねじ》れて、腸が痙攣《けいれん》を起《おこ》していて大便《だいべん》が通過《つうか》しなくなるのです。大人《おとな》でも腸捻転《ちょうねんてん》を起《おこ》すと、三十分《ぷん》以内《いない》に手術《しゅじゅつ》して腸を元《もと》の形《かたち》に治《なお》さなかったら死んでしまうということで、普通《ふつう》は慌《あわ》てて手術するのであります。ところがまだ生活力《せいかつりょく》の乏《とぼ》しい赤ちゃんのことですから、開腹手術《かいふくしゅじゅつ》をして腸の捻転《ねんてん》を直すわけには行《ゆ》かないのです。開腹手術をすると生命《いのち》が保《たも》たないというので、手術することも出来《でき》ないし、腸は捻転《ねんてん》しているから大便《だいべん》は通《つう》じないのです。どうも仕《し》方《かた》がないという状態《じょうたい》になっていた時《とき》に、久保田修吾《くぼたしゅうご》さんの所《ところ》へ『光《ひかり》の泉《いずみ》』六月号《がつごう》が到着《とうちゃく》したのであります。これを読んで救《すく》われたのです。次に久保田さんの手紙《てがみ》を披露致《ひろういた》します。

痙攣　筋肉が自分の意志とは関係なく発作的に収縮すること

七、久保田修吾《くぼたしゅうご》さんの手紙《てがみ》の一節《せつ》

「……次は、『光《ひかり》の泉《いずみ》』六月号《がつごう》の先生《せんせい》の御講話《ごこうわ》で赤《あか》ん坊《ぼう》を活《い》かしたお話であります。誠《まこと》にありがたく、このお話で世《よ》の親《おや》たる人々《ひとびと》は感謝《かんしゃ》して、よく心得《こころえ》ておくべき事《こと》と痛切《つうせつ》に感《かん》ずるのであります。それは私《わたくし》の勤《つと》むる輪西製鉄所《わにしせいてつじょ》の三人《にん》の子供《こども》のある松岡《まつおか》さんのお宅《たく》で生後《せいご》六ヵ月《げつ》になる三番目《ばんめ》が五月二十四日お腹《なか》が悪くなって（腸《ちょう》の捻転《ねんてん》とかで手術《しゅじゅつ》を要《よう》するも出来《でき》ないとの事《こと》）お医者《いしゃ》さんにかかりましたが見込《みこみ》がないといわれて、別《べつ》の病院《びょういん》へ入院《にゅういん》したがやはりだめとの事で、一晩《ひとばん》で二十五日《にち》の夕方《ゆうがた》退院《たいいん》し又《また》別のお医者さんにかかりましたが、やはり見込《みこみ》がないとの事で悲歎《ひたん》にくれておりました。然《しか》るに一《いっ》方《ぽう》私《わたくし》は未《ま》だ入院しておる事と思いまして、気《き》の毒《どく》に感じ何《なん》とかならぬか、これも例《れい》の親《おや》の心の反映《はんえい》と考えておりましたが、遠方《えんぽう》であるのと、勤務中《きんむちゅう》な

頭注版㊱二一頁

ので都合《つごう》悪《あ》しく、加之《しかのみならず》その夜《よ》は誌友会《しゆうかい》なので行《ゆ》くことは出来《でき》なかったのであります。ところが二十六日正午《にちしょうご》に『光《ひかり》の泉《いずみ》』六月号《がつごう》が宅 扱《たくあつかい》で到着《とうちゃく》した。先《ま》ず分配《ぶんぱい》にとりかかり、不敢取拝読《とりあえずはいどく》せんものと開《ひら》きました。開くと同時《どうじ》に『排便《うんこ》の出ない赤《あか》ん坊《ぼう》』と太字《ふとじ》が見えました。ハッと思いまして前《まえ》の方《ほう》を見ました。『六ヵ月《げつ》』が目に入《はい》りました。全《まった》く不思議《ふしぎ》に思い、これは松岡《まつおか》にと考え、先生《せんせい》の『光《ひかり》の泉《いずみ》講話《こうわ》』を拝読したるに全くこの松岡家《まつおかけ》の為《ため》に特《とく》に御教示《ごきょうじ》になった事《こと》のように思われ、早速《さっそく》これを知らせんものと思いしに、氏《し》は休 業《きゅうぎょう》し、赤ん坊はいよいよ見込《みこみ》なく退院《たいいん》せしとの事を知り、夕食後《ゆうしょくご》同家《どうけ》を見舞《みま》い、親類《しんるい》や見舞客《みまいきゃく》の多数《たすう》が失望《しつぼう》の顔色《がんしょく》でしたからお慰《なぐさ》めの言葉を述《の》べ、『光の泉』を示し、今日《こんにち》この雑誌《ざっし》が到着した、これはあたかも谷口先生《たにぐちせんせい》がこの赤ちゃんの為《ため》にお話し下《くだ》さっているようですから御覧《ごらん》下さい、そうして皆様《みなさま》に聞《き》こえるように読んで下さいと申《もう》しましたが、氏は万感交々《ばんかんこもごも》というのでしょうか、読みきれぬので、私は皆様《みなさま》の心を落着《おちつ》かせて徐々《じょじょ》にこれを読み

加之　そればかりでなく

あたかも　ちょうど

万感交々　さまざまな思いが次々と湧き起こるさま。「万感交々到る」の形で用いる

聞かせ、肉体《にくたい》は念《こころ》の影《かげ》である。実相《じっそう》は神の相《すがた》で健康《けんこう》である。親《おや》の心が反映《はんえい》して子供《こども》の肉体に病気《びょうき》があらわれる。自壊作用《じかいさよう》といって症状《しょうじょう》が一時悪化《いちじあっか》したよう見えるかも知れぬが心配《しんぱい》いらぬと注意《ちゅうい》して帰りました。きっと何《なに》か家庭《かてい》の中《なか》で心の争《あらそ》いや、いいたくて溜《たま》っていてもいわない思いがあるに違《ちが》いない。それで出すものが出ない。心の中《なか》に色々《いろいろ》思っていることを、神様《かみさま》におわびして、腸捻転《ちょうねんてん》のことなど心配しないで、『甘露《かんろ》の法雨《ほうう》』を誦《よ》んで神様におまかせしなさい。そうしたら必《かなら》ず治《なお》る。治《なお》るはじめに六月《がつ》一日《じつ》には又《また》悪化しましたが、苦《く》もなくこれは撃退《げきたい》せられ、健康《けんこう》を日増《ひま》しに恢復《かいふく》し、ここに全《まった》く愁眉《しゅうび》を開《ひら》くにいたれりとて大《おお》いに感謝《かんしゃ》しておられます。これ全く御教示《ごきょうじ》のお蔭《かげ》と只管合掌《ひたすらがっしょう》するのみであります。」

八、幼児《ようじ》の状態《じょうたい》は親《おや》の心の反映《はんえい》

自壊作用　外部からの力によらず、内部から自然に壊れるはたらき

『甘露の法雨』　昭和五年に著者が霊感によって一気に書き上げた五〇五行に及ぶ長詩。『甘露の法雨』の読誦により、今日に至るまで無数の奇蹟が現出している。本全集第三十五・三十六巻「経典篇」参照

愁眉を開く　心配がなくなってほっとした顔つきになる

頭注版㊱二三頁

こういうふうに親《おや》の心のこちらの開《ひら》き方《かた》で、もうそこまで出て来ているものが形《かたち》の世界《せかい》へ表《あらわ》れて来るのであります。幼児《ようじ》の便秘《べんぴ》、下痢《げり》などを神経質《しんけいしつ》に気に病《や》むお母さんがありますけれども、幼児の便通《べんつう》の異状《いじょう》は親の心の引っかかりの反映《はんえい》なのですから、薬《くすり》ばかりでは正常《せいじょう》に復《ふく》さない。親自身《おやじしん》の心がスラスラと滞《とどこお》りのない調和《ちょうわ》した心になることが必要《ひつよう》なのです。これは排便《はいべん》のことですけれども、出口《でぐち》まで来ているのを心の持《も》ち方《かた》で止めていたのは同じであります。物質《ぶっしつ》の無限供給《むげんきょうきゅう》でもその通《とお》りで、心の持方《もちかた》で止《とま》ったり出たりするのであります。この実例《じつれい》では赤《あか》ん坊《ぼう》の病気《びょうき》だと思っておったら、親の心が顛倒《てんどう》し、痙攣《けいれん》していたその結果《けっか》が子供《こども》の腸捻転《ちょうねんてん》になっていたのであります。親を本人《ほんにん》だとして考えてみますと、子供は結果であります。結果が捻《ねじ》れて詰《つま》っているときに、結果にばかり眼《め》をくれて狼狽《ろうばい》したら駄目《だめ》であります。その親の心が狼狽《ろうばい》して捻転《ねんてん》している状態《じょうたい》が消えてしまった時《とき》に、赤ん坊の腸捻転《ちょうねんてん》が消えるのであります。

顛倒　逆さまになること

狼狽　うろたえること

ともかく、これは赤ちゃんをお持ちの方《かた》に非常《ひじょう》に参考《さんこう》になることでありまして、子供《こども》の病気《びょうき》は親《おや》の心の反映《はんえい》であるという生長《せいちょう》の家所説《いえしょせつ》の真理《しんり》を実《じっ》証《しょう》したことになるのであります。生長の家は今危急《いまききゅう》に瀕《ひん》している赤《あか》ん坊《ぼう》を医者《いしゃ》にかけるなというのではない。こういう場合《ばあい》は三人《にん》の医者が首をかしげている、もう駄目《だめ》だといっている。医者が駄目だといっているのを『光《ひかり》の泉《いずみ》』が拾《ひろ》っている。医術《いじゅつ》ではどう手の施《ほどこ》しようも仕方《しかた》がないといって親類《しんるい》の人《ひと》が枕頭《まくらもと》に詰掛《つめか》けて行《い》っている、その時《とき》に久保田修吾《くぼたしゅうご》さんが『光の泉』を子供のお父さんに読んでみなさいといった。しかしもう医者が自分《じぶん》の子供の生命《いのち》が駄目《だめ》だといっている場合に、そんな『光の泉』なんて暢気《のんき》に読んでいられない、到底《とうてい》読めないというような状態《じょうたい》になっている。そういう危急な場合にこの『光の泉』の雑誌《ざっし》の文章《ぶんしょう》が「言葉の力《ちから》」を発揮《はっき》して一人《ひとり》の赤ん坊の生命《せいめい》を助けたということになるのであります。『生命《せいめい》の實相《じっそう》』を読んだら病気《びょうき》が治《なお》るといわれている。しかし『生命《せいめい》の實相《じっそう》』の本でなければ病気は

所説　説くところ。主張の内容

危急　危険や災いが目の前にさし迫っていること

治《なお》らないかというと、ほかの本でも心が一転《いってん》しさえすれば治《なお》る。その証拠《しょうこ》に私の編輯《へんしゅう》している『光《ひかり》の泉《いずみ》』を読んでもこのように治《なお》っている。私は人《ひと》の心の捉《とら》われを解放《かいほう》するように心掛《こころが》けて書いているから『光の泉』でもこのように人の心が解放されて病気《びょうき》が治《なお》る。ただ『生命《せいめい》の實相《じっそう》』は二十年間《ねんかん》もかかって私の書いたものを順序《じゅんじょ》だてて一層判《いっそうわか》りやすく書いてある。そこに『生《せい》命《めい》の實相《じっそう》』の力《ちから》がある。ともかく読んで心が一変《いっぺん》することが必要《ひつよう》です。親《おや》の心というものは子供《こども》に影響《えいきょう》するのでありますから、赤ちゃんが何《なに》か変《かわ》った状態《じょうたい》がありました時《とき》には親がみずから省《かえり》みて、自分《じぶん》の心が顚倒《てんどう》していやしないか、自分の心が痙攣《けいれん》していやしないか、自分の心がイライラしていやしないか、自分の心が凝固《こりかた》まっていやしないか、或《あるい》は誰《たれ》かと争《あらそ》い怒《いか》る摩擦《まさつ》の心を起《おこ》していやしないかと、振返《ふりかえ》って自分自身《じぶんじしん》を見て、その間違《まちが》った心を治《なお》すようにしなければならないのです。生長《せいちょう》の家《いえ》の生活《せいかつ》は自分を見詰《みつ》めることから始まるのです。自分に関《かん》する一切《いっさい》の因果関係《いんがかんけい》のもとを自分にありと見る、

因果関係　原因と結果の関係

滅多矢鱈《めったやたら》に拝《おが》み倒《たお》して御利益《ごりやく》を得《う》る迷信《めいしん》ではない。親《おや》の心が熱《ねつ》を出したら子《こ》供《ども》が熱を出すのです。親の心が顛倒《てんどう》したら子供にその顛倒《てんどう》した状態《じょうたい》があらわれる。そういう時《とき》に親の心が落着《おちつ》いて平和《へいわ》になれば病気《びょうき》は治《なお》ってしまうのであります。

九、子供が泣くのは親が泣くから

久保田修吾《くぼたしゅうご》さんはこの手紙《てがみ》の中《なか》にもう一《ひと》つ興味深《きょうみぶか》い話を書いておられます。それはどういう話かといいますと、先年陸軍特別大演習《せんねんりくぐんとくべつだいえんしゅう》が北海道《ほっかいどう》でありました時《とき》に、天皇陛下《てんのうへいか》が室蘭《むろらん》に行幸《ぎょうこう》せられました時の事《こと》なのであります。天皇陛下が行幸《ぎょうこう》せられるというので、室蘭《むろらん》の土地《とち》を清《きよ》めなければならないとて伝染病《でんせんびょう》などの起《おこ》らないように室蘭中《むろらんじゅう》の子供に、みんなジフテリアの予防注射《よぼうちゅうしゃ》をしたのであります。私はその注射《ちゅうしゃ》はどんな注射するのか知り

頭注版㊱二六頁

陸軍特別大演習　旧陸軍で天皇陛下の統監のもとに行われた実戦を擬した大規模な演習。明治二十五年より昭和十一年にかけて三十四回実施された。上記の北海道での陸軍特別大演習は昭和十一年に行われた

天皇陛下　ここでは第一二四代昭和天皇。明治三十四～昭和六十四年

行幸　天皇陛下が外出されること。二ヵ所以上へのお出ましは巡幸と言う。皇后陛下のお出ましは行啓と言う

ジフテリア　ジフテリア菌によって発症する発熱性伝染病

ませんが、大変痛《たいへんいた》いのでしょうか、どの子もどの子も、注射《ちゅうしゃ》に集《あつま》っている子《こ》供《ども》が泣くのであります。ところが室蘭輪西《むろらんわにし》の誌友相愛会《しゆうそうあいかい》の久保田修吾《くぼたしゅうご》さんは、町の衛生組長《えいせいくみちょう》をしているのでこれに臨席《りんせき》しておられました。その際《さい》の出来事《できごと》であります。この方《かた》は生長《せいちょう》の家誌友会《いえしゆうかい》の担任者《たんにんしゃ》をしておられましても、別《べつ》にジフテリアの予防注射《よぼうちゅうしゃ》に反対《はんたい》なさったわけではないのです。生長の家は必《かなら》ずしも薬剤《やくざい》を排斥《はいせき》するのでないのは、この実例《じつれい》でもわかります。自《みずか》ら衛生組長としてこの仕事《しごと》の分担《ぶんたん》をしておられたわけなのです。

集められた子供はいずれも激《はげ》しく泣いてうるさくて仕方《しかた》がない。肉体《にくたい》は物《ぶっ》質《しつ》であるから痛《いた》まないのが当《あた》り前《まえ》である。それだのに子供が泣くのは親《おや》の恐《きょう》怖心《ふしん》による反映《はんえい》だと考えて、久保田《くぼた》さんは親に説教《せっきょう》を始めたのです。先《ま》ず七名《めい》のお母さんに、「子供さんが泣かぬ方《ほう》がよろしいでしょう。それにはこうしなさい」といったのです。久保田修吾《くぼたしゅうご》さんの手紙《てがみ》をそのまま次に読んでみます。

臨席　その席にのぞむこと。出席すること

「……昨年北海道《さくねんほっかいどう》に行《おこな》われた陸軍特別大演習御統裁並《りくぐんとくべつだいえんしゅうごとうさいならび》に地方行幸《ちほうぎょうこう》の為《ため》天皇《てんのう》陛下《へいか》に於《お》かせられてはこの室蘭《むろらん》に御第《おんだい》一歩《ぽ》をとの事《こと》とて衛生方面《えいせいほうめん》は特《とく》に注《ちゅう》意《い》を払《はら》われておりました。七月《がつ》二十四、五日の二日間《ふつかかん》ジフテリアの予防《よぼう》注《ちゅう》射《しゃ》が行われました。私は衛生組長《えいせいくみちょう》をしているのでこれに臨席《りんせき》しておりました。その際《さい》の出来事《できごと》であります。子供《こども》さんはどれもどれも大変《たいへん》に泣くので、これは親《おや》の恐怖心《きょうふしん》より来《く》る反映《はんえい》と考え、やってみました。先《ま》ず七名《めい》のお母さんに、『子供さんが泣かぬ方《ほう》がよろしいでしょう。これはお母さんが泣いているのですよ。お母さんがびっくりしておるでしょう。胸《むね》がどきどきしておりませんか。御安心《ごあんしん》なさい。お上《かみ》は無慈悲《むじひ》ではありません。子供さんに堪《た》えられぬ事《こと》はいたしません。針《はり》を刺《さ》すのだから痛《いた》いが、これは当《あた》り前《まえ》の事だと思い息を呑《の》み込《こ》み、下腹《したはら》に力《ちから》を入れて、そうだ、そうだ、と思うておりなさい』と申《もう》しました。ところが一人《ひとり》も泣きません。自分《じぶん》ながらオヤオヤと思われました。それから八人目《にんめ》には教《おし》えなかった。八人目は泣きました。次も次

統裁　全体を統率しておさめること

も泣きました。七、八人《にん》を泣かしてまた七名《めい》の方《かた》にやってみました。一人《ひとり》も泣きません。翌《よく》二十五日開始前《にちかいしぜん》、約《やく》四十名《めい》のお母さんにこれを教《おし》え実験《じっけん》してみました。三人だけお子さんが泣きました。この好成績《こうせいせき》を得《え》ましたので母親《ははおや》の心の反映《はんえい》の立証《りっしょう》として盛《さか》んにお話いたしております。即《すなわ》ちこれを引用《いんよう》して一夜《いちや》に兄弟《きょうだい》三人(尋《じん》五・尋《じん》一と四歳《さい》)の夜尿《やにょう》を征服《せいふく》（尋《じん》五は完全《かんぜん》に、他《た》は毎夜《まいよ》のものが間《ま》が遠くなった）せしめ、これを結核患者《けっかくかんじゃ》なる十八の娘《むすめ》の両《りょう》親《しん》に教えて、娘が『生命《せいめい》の實相《じっそう》』を読み出して一ヵ月にして万歳往生《ばんざいおうじょう》をした。」

この手紙《てがみ》にもある通《とお》り、普通吾々《ふつうわれわれ》は赤《あか》ん坊《ぼう》に針《はり》を刺《さ》して泣くのは、赤ん坊が痛《いた》いので泣くのだと思っておったのであります。ところがその赤ん坊はやはり同じく針を刺すのですけれども、一方《いっぽう》はお母さんに真理《しんり》を説《と》いて説得《せっとく》して、痛くたって大《たい》したことはないのだ、泣く程《ほど》のことはないのだということをよくいいきかせて恐怖《きょうふ》の心を除去《とりさ》って母親《ははおや》の念《ねん》を安心《あんしん》させておけば、同じ

立証　証拠を挙げて事実を証明すること

尋五・尋一　旧制の尋常小学校の五年生と一年生

万歳往生　万歳を唱えて息を引き取ること。往生は、極楽浄土に生まれ変わること

針《はり》を刺《さ》しても泣かない。これは子供《こども》は親《おや》の延長《えんちょう》でありますから、親の念《ねん》が痛めば子供が痛む、親の念《ねん》が泣けば子供が泣くのです。説得《せっとく》しないお母さんの子供は七人《にん》ながら泣いたというのは面白《おもしろ》いではありませんか。そこで又《また》七名《めい》の母親《ははおや》を説得してみると、その子供は一人《ひとり》も泣かない。そこで翌《よく》二十五日《にち》には注射開始《ちゅうしゃかいし》前約《ぜんやく》四十名のお母さんを集めて一緒《いっしょ》に説得してみたら、そのほとんど全部《ぜんぶ》が泣かないで僅《わず》か三人《にん》だけが泣いたというのであります。こういうふうに親が泣けば子供が泣き、親が痛めば子が痛む。寝小便《ねしょうべん》の治《なお》った話も書いてありますが、子供が寝小便をすると考えていましたら、実《じつ》は親の心が寝小便をしていたのであります。親の心が寝小便をしておいて、その具象化《あらわれ》が子供に出たからといってその子供に鍼《はり》を刺《さ》したり、灸《やいと》をして子供を窘《いじ》める母親も世《よ》の中《なか》には往々《おうおう》あるのであります。尤《もっと》も心に「針を刺しても痛くない」と思えば、その通《とお》りになるのですから、無痛分娩《むつうぶんべん》というようなこともまた問題《もんだい》なく出来《でき》るわけであります。生長《せいちょう》の家誌友《いえしゆう》はほとんど全部《ぜんぶ》

鍼　人体の特定の治療点である経穴に金属製の細い針を刺して治療する医術。ここでは鍼灸によるおねしょの治療

灸　焼処(やきと)の転。もぐさを皮膚の灸点にのせて焼き、その熱で病気を治すこと

無痛分娩《むつうぶんべん》であります。（無痛分娩の体験記録《たいけんきろく》は随分《ずいぶん》の数《すう》に上《のぼ》っております。光明思想普及会発行《こうみょうしそうふきゅうかいはっこう》『實相體驗集成《じっそうたいけんしゅうせい》』第《だい》一輯《しゅう》及《およ》び第二輯《しゅう》参照《さんしょう》。）お産《さん》の時《とき》に痛《いた》むのは肉体《にくたい》という物質《ぶっしつ》それ自身《じしん》には痛覚《つうかく》はなく心が痛んでいるから痛いと感《かん》ずるのであります。戦場《せんじょう》へ出て貫通銃創《かんつうじゅうそう》を受けても平気《へいき》で大抵《たいてい》の兵《へい》隊《たい》は働《はたら》いている。しかし射《や》られたと気が附《つ》いたら痛くなるのであります。死ぬのだってそうです。死ぬるのは苦しいと思うから苦しいのです。そこで「死」は苦しくない、肉体の死は現象界《げんしょうかい》への役目《やくめ》を終《お》わったからであって、自分《じぶん》の生命《せいめい》は永遠《えいえん》に続いていると悟《さと》って死ねば、十八歳《さい》の娘《むすめ》でさえも死ぬ時は万歳《ばんざい》を唱《とな》えて万歳往生《ばんざいおうじょう》が出来《でき》るのであります。これは室蘭《むろらん》の輪西《わにし》では初《はじ》めての出来事《できごと》であって、珍《めず》らしい現象《げんしょう》で大変有難《たいへんありがた》いことであると久保田修吾《くぼたしゅうご》さんは書いておられますが、生長《せいちょう》の家誌友《いえしゆう》で生死《せいし》を超越《ちょうえつ》して万歳《ばんざい》を唱えて死んだという記録《きろく》は今迄《いままで》にも随分《ずいぶん》あります。「死」が苦しいとか、楽《らく》であるとかいうのも注射針《ちゅうしゃばり》を刺《さ》して痛いとか痛くないとか、お産の時に痛いとか

光明思想普及会　昭和九年十一月に著者が設立した出版社。設立時の顧問は著者、社長は宮崎喜久雄。ここで最初の『生命の實相』全集（黒布表紙版）が発行され、月刊誌『生長の家』も引き継がれた

『實相體驗集成』　『生長の家』誌や『生命の實相』によって病気が治ったり生活が光明化したりした信徒の体験談集。昭和十二年に第一輯、同十三年第二輯を発行。第三輯、第四輯は校正刷りを作成したが未刊

貫通銃創　弾丸が身体を貫通してできたきず

痛《いた》くないとかいう事実《じじつ》と同じであります。

十、心の持方《もちかた》で子宮後屈《しきゅうこうくつ》が治《なお》る

この前週《ぜんしゅう》の誌友会《しゆうかい》に群馬県《ぐんまけん》から来た方《かた》が体験談《たいけんだん》をお話しになりましたが、その人《ひと》の被仰《おっしゃ》るのに「えらそうなことをいって、私は真理《しんり》をわかっているといっている人でも、その人の子供《こども》を見ればわかる。子供は親《おや》の心の影《かげ》であるから、子供が善《よ》き子供になっていなかったら、その人はまだ本当《ほんとう》に真理がわかってはいないのである」ということを被仰《おっしゃ》いましたが、これは名言《めいげん》であります。親の心の状態《じょうたい》が子供という鏡《かがみ》に現《あらわ》れているのでありますから、頭《あたま》や理窟《りくつ》で真理がわかったように傲語《ごうご》しておられましても、本当に心の底《そこ》からしみじみとその真理が把《つか》めていない人の子供はやはり本当に楽しくなれない、本当に健康《けんこう》になれないのであります。前週の誌友会《しゆうかい》には時間がなく

頭注版㊱三〇頁

子宮後屈　子宮の位置が後方へ反り返っている状態

傲語　傲慢な言葉。えらぶった言い方

てこの演壇《えんだん》に立ってお話にはなりませんでしたが、私の宅《たく》へ上京《じょうきょう》記念《きねん》に群馬県《ぐんまけん》の皆《みな》さんがやって来られまして、そこで二、三の人《ひと》がまた体験《たいけん》をお述《の》べになりましたが、その席《せき》で、女の人で小学校《しょうがっこう》の先生《せんせい》をしておられた人だそうですが、過去《かこ》に肺病《はいびょう》で喀血《かっけつ》百三十何回《なんかい》という酷《ひど》い喀血性《かっけつせい》の結核《けっかく》だったのが、『生命《せいめい》の實相《じっそう》』をお読みになって治《なお》ったというのです。治《なお》っただけではない、その上《うえ》に妊娠《にんしん》したのです。妊娠をしましたがなかなか生《う》れない、もう産婆《さんば》がいった出産予定日《しゅっさんよていび》が過《す》ぎ、満《まん》十ヵ月《げつ》を過ぎて、まだそれから二十何《なん》日経《にちた》っているというのにまだ生《う》れそうにないのです。ところが、十日程前《とおかほどまえ》に産婆《さんば》に診《み》てもらったら逆児《さかご》になっているといって産婆《さんば》が心配《しんぱい》しているので産婆《さんば》の心配がその人の心に反映《はんえい》したのであります。喀血百三十何回という大病《たいびょう》を征服《せいふく》した人でも、新しい経験《けいけん》には恐怖《きょうふ》を感《かん》ずる。今度《こんど》の妊娠は初《はじ》めての体験である。しかもそれが十一ヵ月も胎内《たいない》においてもまだ生《う》れそうにない。それに子供《こども》が逆児《さかご》であるというのです。逆児《さかご》だから脚《あし》がどこかに引《ひっ》かか

肺病　肺の病気。特に本書執筆当時には不治の病とされていた肺結核を指す

喀血　肺や気管支が出血し、その血を咳とともに吐くこと

産婆　助産婦、助産師の旧称

逆児　胎内の胎児の姿勢が通常と逆になった状態。また、その胎児

っていて、十ヵ月《げっ》経《た》っても、十一ヵ月経っても生《うま》れないのではあるまいか。そうすればお胎《なか》の子供《こども》はどうなるだろうか。或《あるい》は前置胎盤《ぜんちたいばん》といって、出口に胎盤《たいばん》がへばりついておって出ないのかも知れん——さあ、そう考えると心配《しんぱい》で心配で仕方《しかた》がない。そこでその婦人《ふじん》が私にいわれるには「先生《せんせい》にさえ楽《らく》に生《うま》れるといってもらえば、その言葉の力《ちから》で楽《らく》に生《うま》れるのであるから、楽《らく》に生《うま》れるといって下《くだ》さい」といわれるのです。聖書《せいしょ》にある百卒長《ひゃくそつちょう》の信仰《しんこう》のような言葉です。そこで私は申《もう》しました。「そういってあげるのは易《やさ》しいですが、それよりも本当《ほんとう》の逆児《さかご》で三分間《ぷんかん》で生《うま》れた話をしてあげましょう」と申しまして、簡単《かんたん》に先日関西《せんじつかんさい》へ参《まい》りました節《せつ》聴《き》いて参りました話をしてあげたのであります。それは芦屋《あしや》の公会堂《こうかいどう》で生長《せいちょう》の家《いえ》の発祥会《はっしょうかい》というのがあった時《とき》の話です。発祥会《はっしょうかい》というのは、私が住吉在住《すみよしざいじゅう》の頃《ころ》から今《いま》に到《いた》るまで心が変《かわ》らないで、生長の家の誌友《しゆう》として私が関西へ行《ゆ》く時には常《つね》に私を慕《した》って来て下さる旧《ふる》い誌友達《しゆうたち》の集《あつま》りで、その席《せき》に三十人程《にんほど》来られました。その発祥会《はっしょうかい》

前置胎盤　胎盤が子宮の出口の近くに付着して子宮口をふさいでいる状態

聖書　ユダヤ教とキリスト教の聖典。ユダヤ教は『旧約聖書』、キリスト教は『旧約・新約聖書』が聖典

百卒長　『新約聖書』「マタイ伝」第八章、「ルカ伝」第七章に記された、ローマ軍の五十～百名の兵士から成る隊の指揮官。本全集第二巻「実相篇」上巻第五章参照

住吉　「生長の家」発祥当時は、神戸の住吉の著者の自宅が本部及び道場であった

が済《す》んだあとで一般《いっぱん》の誌友《しゆう》、非誌友《ひしゆう》を問わず、誌友会兼講演会《しゆうかいけんこうえんかい》として一般《いっぱん》に公開講演会《こうかいこうえんかい》を開《ひら》きました。その席《せき》で鳴尾《なるお》の青年団長《せいねんだんちょう》をしておられる河田亮《かわだりょう》太郎《たろう》という人《ひと》が立上《たちあが》られました。この人は鳴尾《なるお》の青年団《せいねんだん》の集《あつま》りで『生命《せいめい》の實相《じっそう》』を読んできかした為《ため》に村の青年《せいねん》が風紀《ふうき》の悪い遊びをする者《もの》が絶滅《ぜつめつ》したといって、時《とき》の兵庫県知事湯澤三千男氏《ひょうごけんちじゆざわみちおし》（後《のち》、内務大臣《ないむだいじん》となる）から表彰《ひょうしょう》された人であります。その人がいわれるのに、自分《じぶん》の導《みちび》きにより瀕死《ひんし》の脊椎《せきつい》カリエスが一夜《いちや》のうちに排膿《はいのう》して治《なお》って帝国美術学校《ていこくびじゅつがっこう》へ入学《にゅうがく》した岡田敏之君《おかだとしゆきくん》というのがあるといって、『生命《せいめい》の教育《きょういく》』昭和《しょうわ》十二年《ねん》九月号《がつごう》に掲載《けいさい》された岡田君《おかだくん》の治病《ちびょう》及び入試突破体験談《にゅうしとっぱたいけんだん》をお話しになった後《あと》で、私が講師控室《こうしひかえしつ》におりますと、やってこられて、「大変《たいへん》なお蔭《かげ》を戴《いただ》きました。家内《かない》が結婚《けっこん》十数年《すうねん》目《め》に妊娠《にんしん》して、しかもそれが逆児《さかご》で十一ヵ月間《げつかん》も胎内《たいない》にいたのが、たった三分間《ぷんかん》で無痛《むつう》で安産《あんざん》しました」といわれるのです。詳《くわ》しく聞いてみますと、河田《かわだ》さんは結婚後何年《けっこんごなんねん》経《た》っても子が生《うま》れない。そこで生長《せいちょう》の家《いえ》に入《はい》る迄《まで》に奥《おく》

鳴尾　現在の兵庫県西宮市にあった村

河田亮太郎　明治四十～平成七年。兵庫県生まれ。生長の家長老。著書に『ほとばしる生命』がある

風紀　社会生活の秩序を保つための規律。特に男女間の交際についての節度

湯澤三千男氏　明治二十一～昭和三十八年。宮城、広島、兵庫の各県知事を歴任。東條内閣の内務大臣を務めた。貴族院議員、参議院議員

脊椎カリエス　脊椎の結核で、結核性脊椎炎とも呼ばれる

排膿　うみが出ること

帝国美術学校　昭和四年に北昤吉が吉祥寺に設置。昭和二十三年に設置された多摩美術大学の前身

『生命の教育』　昭和十年八月創刊。著者が提唱した「生命の教育」の普及のために創刊された

様《さま》を産科《さんか》の医者《いしゃ》に診《み》てもらったら、これは子宮《しきゅう》が後屈《こうくつ》しているので妊娠《にんしん》は駄《だ》目《め》だというのであります。そこで手術《しゅじゅつ》をなさったのだそうですが、その後《ご》又《また》もや後屈《こうくつ》したので、もう一遍《いっぺん》手術しなければ子宮が正しい位置《いち》に来ないという医者の診断《しんだん》です。そこでもし又《また》手術しても又候《またぞろ》後屈《こうくつ》したら更《さら》に手術しなくちゃならぬ、これじゃ堪《たま》らないから止《や》めておこうというわけで、もうそのまま止《や》めておかれたらしいのでありますが、尤《もっと》も良人《おっと》たる河田亮太郎《かわだりょうたろう》さん自身《じしん》も医者に診《み》てもらったら、やはり男性《だんせい》としての本当《ほんとう》の資格《しかく》がない、子種《こだね》がないのだから、まあまあ妊娠は諦《あきら》めなさいといわれて夫婦《ふたり》ともそのままになっておったのであります。ところが河田《かわだ》さんは生長《せいちょう》の家《いえ》にお入《はい》りになり、『生命《せいめい》の實相《じっそう》』をお読みになりますと、いつの間《ま》にか心境《しんきょう》が変《かわ》ってしまったのです。従《したが》ってまた、その奥様《おくさま》の心境《しんきょう》も真直《まっすぐ》におなりになったと見えまして、子宮の後屈《こうくつ》も初めて真直《まっすぐ》向いたのでありましょう、ともかく十幾年振《いくねんぶり》とかに妊娠したのであります。妊娠したのはよかったけれど十ヵ月経《げった》っても

又候　またしても

生《うま》れない、到頭《とうとう》十一ヵ月《げつ》経《た》ったけれども生《うま》れない。おまけに三月程前《みつきほどまえ》から赤《あか》ん坊《ぼう》が逆《さか》さに向いてしまったのです。それだからこれはちょっと危《あぶな》いかも知れないから、お産《さん》の時《とき》には医者《いしゃ》を立会《たちあ》わしてもらいたいという話でありました。誰《たれ》からいわれることでも皆《みん》な素直《すなお》にその人《ひと》の深切《しんせつ》をお受けするのが、生長《せいちょう》の家《いえ》の生《い》き方《かた》であります。皆《みん》なと仲好《なかよ》しになってすべてを神のおはからいに委《まか》す、医者が要《い》るといえば医者に来てもらうのであります。まことに水の方円《ほうえん》の器《うつわ》に従《したが》う素直さが生長の家の生き方であります。その素直な生き方になったとき、逆児《さかご》でも何《なん》でもどこにも引《ひっ》かからないで、スラスラと三分《ぷん》で生《うま》れた。誠《まこと》にその人の心の通《とお》りが現象世界《げんしょうせかい》に出現《しゅつげん》するのです。逆児《さかご》で十一ヵ月も胎内《たいない》にいて目方《めかた》が一貫匁《いっかんめ》もあって三分でその赤ちゃんが生《うま》れたのであります。この実話《じつわ》を私が群馬県《ぐんまけん》から来た人にしてあげたのであります。そうすると大変感銘《たいへんかんめい》されまして、自分《じぶん》も楽《らく》に安産出来《あんざんでき》るという自覚《じかく》を得《え》てお帰りになりました。高崎《たかさき》から乗合《のりあい》バスを四台連《つら》ねて百数十人の方《かた》がやって来

水の方円の器に従う『韓非子』にある言葉。「方」は四角い器、「円」は円形の器。水は器の形に従ってどんな形にもなるように、人間も人や物や事に柔軟に処することのたとえ

目方　はかりで量った重さ。重量

一貫匁　一貫目。約三・七五キログラム。「貫」は尺貫法の重さの単位

られたのでしたが、妊娠《にんしん》十一ヵ月《げつ》の身重《みおも》で八時間乗合自動車《じかんのりあいじどうしゃ》で揺《ゆ》られた。それもアスファルトでない凸凹《でこぼこ》の田舎道《いなかみち》を揺《ゆ》られて来て帰ったのですけれども何《なん》の故障《こしょう》もないのです。何の故障もなしにその翌日本当《よくじつほんとう》に「無痛分娩《むつうぶんべん》」せられたのです。尤《もっと》もそれは御本人《ごほんにん》からの手紙《てがみ》ではない、一緒《いっしょ》に来られた人《ひと》からの通信《つうしん》ですが、それには「快感分娩《かいかんぶんべん》」をせられたと書いてあります。いずれ詳《くわ》しいことは本人からお知らせがあるだろうと思うから、ともかく快感分娩だから安心《あんしん》してくれと書いてあるのです。そういうふうに無限《むげん》の供給《きょうきゅう》は子《こ》供《ども》だけではなく、経済問題《けいざいもんだい》だけではなく、排便《うんこ》の問題だけではなく、総《すべ》ての点《てん》に於《お》て無限の供給というものが既《すで》に出口まで来ているのですけれども、その出口を、自分《じぶん》の迷《まよ》いの心で搾《しぼ》って出さないようにしている――これが引《ひっ》掛《かか》る心なのであります。すべて引掛《ひっかか》らない心になって、融通自在《ゆうずうじざい》の心になるとすべての事《こと》が旨《うま》く行《ゆ》くのであります。引掛《ひっかか》らない心はもう一《ひと》つ言換《いいか》えると「仲好《なかよ》しの心」です。「仲好《なかよ》し」にならないで誰《たれ》かと喧嘩《けんか》してごらんな

身重　妊娠していること
乗合自動車　バス

融通自在　物事を必要に応じて思いのままに処理すること

さい。それは引掛《ひっかか》っている心である。何《なに》かに引掛《ひっかか》って、執《とら》われて衝突《しょうとつ》していている心であります。そういう心になりましては出口《でぐち》まで供給《きょうきゅう》が来ておっても、なめらかに出ないのであります。排便《うんこ》でも、胎児《たいじ》でも、お金《かね》でも、無限《むげん》供給《きょうきゅう》でも、総《すべ》てのものと仲好《なかよ》しになり、天地一切《てんちいっさい》のものと和解《わかい》して引掛《ひっかか》らない素直《すなお》な心になって、周囲《しゅうい》と調和《ちょうわ》しておったら、出口まで来ている供給がスポッと現象界《げんしょうかい》へすべり出るのであります。なかには「私《わたくし》は何年来《なんねんらい》の『生長《せいちょう》の家《いえ》』の誌友《しゆう》である」「私《わたくし》は『生命《せいめい》の實相《じっそう》』を何巻《なんかん》読んだ。それだのにお蔭《かげ》がない」というような人《ひと》はそういうだけに心が何《なに》かに引掛《ひっかか》っているのです。現象《げんしょう》を見て「まだまだ供給がない」と引掛《ひっかか》ったり、誰《たれ》かと或《あ》る問題《だい》で引掛《ひっかか》って喧嘩《けんか》している、誰《たれ》かと衝突《しょうとつ》している。誰《たれ》かを怨《うら》んでいる、何《なに》かの事柄《ことがら》に心が引掛《ひっかか》っている、その心が結ばれ、解《と》けないですらすらしないでは『生長の家』を何回《なんかい》読んでも、『生命《せいめい》の實相《じっそう》』を何回読んでもまだ本当《ほんとう》の生長の家ではないのであります。お蔭《かげ》はお蔭《かげ》がある時《とき》にあるのではありません。排便《うんこ》でも大便《うんこ》の出る時《とき》に大便《うんこ》が出来《でき》たのではない。既《すで》に前《まえ》からチャンと出来ているのです。「人間《にんげん》神の子、既《すで》に始めからお蔭《かげ》はやってある」というのはそこであります。ただ心が引《ひ》っ掛《かか》って、心の眼《め》を開《ひら》いてそのお蔭《かげ》を見《み》出《いだ》さないのが悪いのです。みんな出口まで来ているのでありますから、皆《みな》さんも、折角生長《せっかくせいちょう》の家《いえ》へお入《はい》りになりまして、この真理《しんり》をお知りになりましたならば、皆《みん》なと引掛《ひっかか》らないで調和《ちょうわ》するように心掛《こころが》けて戴《いただ》きたいのであります。『生命《せいめい》の實相《じっそう》』の巻頭《かんとう》にある「天地一切《てんちいっさい》のものと和解せよ」というのはそれであります。周囲《しゅうい》となめらかに附合《つきあ》って行《ゆ》くところに出口まで来ているお蔭《かげ》を形《かたち》の世界《せかい》に出す力《ちから》がある。何《なん》でも周囲となめらかにならなければ、無《む》痛分娩《つうぶんべん》も、快感分娩《かいかんぶんべん》も得《え》られない。周囲とゴツゴツ摩擦《まさつ》しているような事《こと》では互《たがい》に傷《きず》つき痛《いた》むばかりです。なめらかなところにのみ快感《かいかん》があるのです。これは感触《かんしょく》の世界《せかい》だけではなく、吾々《われわれ》が人と人と附合《つきあ》っても、なめらかに附合《つきあ》えば人々《ひとびと》と交《まじわ》り話すのが楽しみになり、喜《よろこ》びになる。ところがごつごつ

『生命の實相』の巻頭 昭和七年発行の初版黒革表紙版『生命の實相』および各種各版の『生命の實相』全集第一巻の巻頭

「天地一切のものと和解せよ」 著者に天降った「大調和の神示」にある言葉

と喧嘩《けんか》して引掛《ひっかか》るのは苦しみになる。同じ人《ひと》と相対《あいむか》っても、そういうふうに滑《なめら》かさの具合《ぐあい》で人生《じんせい》が幸福《こうふく》にもなれば不幸《ふこう》にもなるのであります。

要《よう》するに吾々《われわれ》は常《つね》にものを産出《うみだ》しているのです。毎日出産《まいにちしゅっさん》しているのであります。出産といっても、必《かなら》ずしも赤《あか》ん坊《ぼう》に限《かぎ》らないのですけれども、仕《し》事《ごと》を出産し、何《なに》か心の問題《もんだい》を出産し、色々《いろいろ》の事件《じけん》を出産しているのです。その出産の仕方《しかた》に快感《かいかん》で出産する人と、ごつごつと苦しんで出産する人と色々の種類《しゅるい》の人があるのであります。その出産がなめらかに出来《でき》る人は、人生に快感分娩《かいかんぶんべん》をしている人であります。こういう人は人生の生活《せいかつ》がなめらかに、周囲《しゅうい》と周囲との間《あいだ》にうるおいがあって摩擦《まさつ》しないのであります。潤《うるお》いとは「愛」であり「調和《ちょうわ》」であります。「愛」と「調和」とを以《もっ》て、なめらかに人々《ひとびと》と調和して生活する、そしてごつごつと周囲と衝突《しょうとつ》しない生活をせられると、総《すべ》ての人と調和して、うれしく、たのしく、常にあらゆる人生の善《よ》きものが快感分娩せられるのであります。

第二章　ありのままの生活《せいかつ》

頭注版㊱三七頁

一

光明《こうみょう》の真理《しんり》を悟《さと》ると色々《いろいろ》の病気《びょうき》が治《なお》りますので、奇蹟《きせき》であるとか、モダーン・キリシタンバテレンであるとか、色々褒《ほ》めたり貶《けな》したりする人《ひと》がありり

頭注版㊱三七頁

モダーン・キリシタンバテレン　「キリシタンバテレン」はキリスト教徒を指す。その現代版である生長の家を揶揄した言葉

ますけれども、生長《せいちょう》の家《いえ》は決《けっ》して奇蹟《きせき》を見せるところではないのでありま す。

その事《こと》はちゃんと『生命《せいめい》の實相《じっそう》』に書いてあります。同書《どうしょ》「空《くう》の巻《まき》」の四一五頁《ページ》には「生長《せいちょう》の家《いえ》は奇蹟《きせき》を無《な》くするところである」と書いてあります。人間《にんげん》の病気《びょうき》が治《なお》ることを何《なに》か不思議《ふしぎ》な奇蹟のように思う人《ひと》がありますけれども、そんな事は決《けっ》して奇蹟ではないのであって当《あた》り前《まえ》の事である。人間は健康《けんこう》なのが当《あた》り前《まえ》であって、健康なるべき人間が病気になるのが奇蹟であるのであります。人間は当《あた》り前《まえ》であることが喜《よろこ》べるようにならなければ本当《ほんとう》でないのであります。ですから「奇蹟」というような当《あた》り前《まえ》でない事が欲《ほ》しいようでは、その人の心がまだ当《あた》り前《まえ》ではない。当《あた》り前《まえ》でないという事は、いい換《か》えると病気だというわけです。その病気の心が肉体《にくたい》に反映《はんえい》して病気を起《おこ》しているのです。当《あた》り前《まえ》が一番《ばん》いいという事が解《わか》ったら、その人は当《あた》り前《まえ》になって来たのです。総《すべ》ての障《さわ》り悩《なや》み悲しみ苦しみは当《あた》り前《まえ》でないところか

「空の巻」　昭和十年発行。革表紙『生命の實相』全九巻中の一巻。「光明篇」「生命篇」「精神分析篇」「新思想篇」「倫理篇」を収録。上記の言葉は「『生長の家』の奇蹟に就ての神示」。後に「自然流通(じねんるつう)の神示」と名付けられた

障り　さしつかえ。さまたげ

らくるのです。生活《せいかつ》が当《あた》り前《まえ》であるならば、そこに決《けっ》して苦しみも悩《なや》みも起《おこ》らないはずなのであります。ところが当《あた》り前《まえ》でないから、何《なに》かひっかかりが出来《でき》て、苦しみ悩みというものが起《おこ》ってくるのであります。そこでその当《あた》り前《まえ》でない心ということはどういうことであるかと申《もう》しますと、ありのままをそのまま受取《うけと》らない心であります。我《が》がある——あれ、これの我儘《わがまま》がある——そのまますべてを有難《ありがた》いと受取《うけと》らないで、あれ、これの選択《せんたく》をして当《あた》り前《まえ》でないものを喜《よろこ》ぶ——これが当《あた》り前《まえ》でない心であります。この当《あた》り前《まえ》でない心が、当《あた》り前《まえ》でない環境《かんきょう》肉体《にくたい》を造《つく》りあげるのであります。まことに環境は心の影《かげ》、肉体は心の影でありまして、そのまますべてを有難《ありがた》いと受取《うけと》らないで当《あた》り前《まえ》でないものを喜ぶから、今《いま》あるそのままを完全《かんぜん》に生かし切ることが出来ないので、肉体も完全に生きない、環境も完全に生きない、そこに出来そこないの肉体が出来、そこに不完全《ふかんぜん》な環境が出来るという事になるのです。

二

頭注版㊱三八頁

人間《にんげん》は当《あた》り前《まえ》になるのが一番《いちばん》いいのであります。色々《いろいろ》と小細工《こざいく》して人《ひと》を押《お》し倒《たお》して偉《えら》くなりたいとか、何《なに》か変《かわ》った事《こと》がなければ偉く感《かん》じられないとか、面白《おもしろ》くないとかいうのは、それ自身《じしん》もう病的《びょうてき》な心である。当《あた》り前《まえ》以外《いがい》のものを招《よ》ぶ心です。例《たと》えばアルコール飲料《いんりょう》を飲まなければ楽しくない、当《あた》り前《まえ》の水であっては美味《おい》しくないというように、当《あた》り前《まえ》以外のものを憧《あこが》れるようになった時《とき》もう既《すで》にその人は病気《びょうき》なのであります。ですから『生命《せいめい》の實相《じっそう》』をお読みになりまして、心が当《あた》り前《まえ》に復《ふく》しますと、以前《いぜん》に余程《よほど》酒を嗜《たしな》まれた人でもアルコール飲料が要《い》らなくなり、自然《しぜん》と酒が飲みたくなくなったりいたします。また一日《にち》にバットの三箱《みはこ》も喫《の》んだ人が煙草《たばこ》が喫《の》みたくなくなったり致《いた》します。この事実《じじつ》は何《なに》を語るかと申《もう》しますと、当《あた》り前《まえ》のものです

バット　明治三十九年より発売されている煙草の銘柄「ゴールデンバット」

と満足出来《まんぞくでき》ない心は、当《あた》り前《まえ》でないもの、異常《いじょう》なものを求める心ですから、異常の刺戟《しげき》を求めなければ生甲斐《いきがい》が感《かん》じられない、それが異常の感覚的刺《かんかくてきし》戟《げき》、酒とか煙草《たばこ》とかを求めるように転化《てんか》して来るのであります。ところがその当《あた》り前《まえ》でないものでないと満足出来ない心が『生命《せいめい》の實相《じっそう》』を読むことによって、当《あた》り前《まえ》が一番好《いちばんよ》いという心になりますと、異常な刺戟《しげき》を却《かえ》って好《この》まなくなり、飲酒喫煙《いんしゅきつえん》の癖《くせ》が直《なお》ってしまうのです。飲酒喫煙癖《いんしゅきつえんへき》も、夫婦《ふうふ》のほかの密夫《みそかお》、密婦《みそかめ》を欲《ほ》しいような心も、異常の刺戟《しげき》を求める心で、やはり病気《びょうき》の心なのです。いつも米の飯《めし》が美味《おい》しいように同じ顔《かお》の良人《おっと》、細君《さいくん》に味のあるのが健全《けんぜん》な心、素直《すなお》な心なのです。心が当《あた》り前《まえ》になるのが生長《せいちょう》の家《いえ》の道《みち》なのです。生長の家の道といっても、別《べつ》に生長の家の発明《はつめい》というわけではありません。当《あた》り前《まえ》というものは昔《むかし》からある。当《あた》り前《まえ》ぐらい昔からあるものはないのですが、その当《あた》り前《まえ》になかなかなれない人《ひと》が多いので、多くの人が貧乏《びんぼう》になったり、病気になったりして苦しんでいるのです。この当《あた》り前《まえ》の心にな

転化　別の状態に変化すること

密夫　ひそかに他人の妻と通じる男。間男

密婦　ひそかに他人の夫と通じる女。情婦

ったら病気《びょうき》も不幸《ふこう》もありようはないのです。日本《にっぽん》では古来《こらい》から、当《あた》り前《まえ》のことを惟神《かんながら》と申《もう》しております。仏教《ぶっきょう》では自然法爾《じねんほうに》といっております。キリスト教《きょう》では「み心ならば……」とか「御心《みこころ》のまにまに」とか申しております。そのままを全部《ぜんぶ》有難《ありがた》いと受取《うけと》って、一切《いっさい》をお計《はか》いにまかせ切った心で異常《いじょう》なものに憧《あこが》れない心になることです。或《あ》る宗教《しゅうきょう》ではこれを「さながらの心」といっていますが、名称《めいしょう》のつけ方《かた》はどう申してもよろしいのであって、ともかく、当《あた》り前《まえ》になるのが好《よ》いのであります。心が当《あた》り前《まえ》になったら、行《おこな》いは自然《しぜん》どうなるかと申しますと、かつて教育勅語《きょういくちょくご》に、明治天皇《めいじてんのう》が示し給《たま》うた人《ひと》の道《みち》が実行《じっこう》出来《でき》て親《おや》に孝《こう》に、兄弟仲良《きょうだいなかよ》く、友達《ともだち》に深切《しんせつ》に、夫婦相和《ふうふあいわ》すようになるのであります。明治天皇が示したまうた道は、少しも難《むつ》かしくない、少しも異常なところのない、当《あた》り前《まえ》の天地《てんち》の大道《たいどう》なのであります。だから親に孝行《こうこう》がそのままが守れますと、肉体《にくたい》も当《あた》り前《まえ》になって健康《けんこう》になるのであります。だから、親孝行《おやこうこう》を教義《きょうぎ》にして信者《しんじゃ》の健康を増進《ぞうしん》していた治病宗教《ちびょうしゅうきょう》

惟神　神の御心そのままに。人智・人為をはさまないこと

教育勅語　明治二十三年十月三十日に発布された「教育ニ関スル勅語」。国民の守るべき徳目を掲げ、教育の根本精神を提示している

明治天皇　嘉永五～明治四十五年。第一二二代天皇。嘉永五～明治四十五年。幕末から明治維新を経て近代日本建設の大指導者と仰がれ、明治大帝、明治聖帝、睦仁大帝(Mutsuhito the Great)とも称される

もかってありました。これは恩《おん》に報《むく》い調和《ちょうわ》する心が自然《しぜん》に人間《にんげん》を天地《てんち》の道《みち》に復帰《ふっき》せしめて健全《けんぜん》ならしめるのであります。どうも人間は青年期《せいねんき》に於《おい》ては当《あた》り前《まえ》でないことがいいような事《こと》を考える時代《じだい》があるようであります。私なども何《なに》か変《かわ》った事でないと生甲斐《いきがい》が感《かん》じられなかった時代がありました。そして陳《ふる》いものは皆《みな》悪いように思って、「新しい」という言葉に捉《とら》われていたのであります。近代《きんだい》の青年男女《せいねんだんじょ》にもそういうふうな弊《へい》がありますようで、「ああいうイズムは古い」とか、「ああいう事は古い思想《しそう》だ」とか内容《ないよう》を調べないで、一言《いちごん》で片附《かたづ》けてしまって、何《なん》でも古い事は値打《ねうち》がないように思っている人《ひと》が大分《だいぶ》あるようであります。ところが当《あた》り前《まえ》ほど古いものはない。古くても「当《あた》り前《まえ》」に流行《はや》りすたりはない。流行物《はやりもの》はまた廃《すた》ることもありますが、「当《あた》り前《まえ》」には流行《はや》りすたりはないから一番《ばん》古くて新しいのでありまます。吾々《われわれ》のこの生きている生命《いのち》は一番古いものでありまして無限《むげん》生《い》き通《とお》しの往昔《むかし》から連綿《れんめん》と続いて来ているものでありますが、しかも常《つね》に新しく生々《いきいき》し

弊　欠点。弊害

イズム　主義・主張。学説

連綿　長く続いて絶えないさま

ていて、新時代《しんじだい》を作って行《ゆ》くのも、この古い生命《いのち》の流《ながれ》なのであります。吾々《われわれ》の内部《ないぶ》に生きている「いのち」は当《あた》り前《まえ》の存在《そんざい》で久遠《くおん》の昔《むかし》からあるのですから、当《あた》り前《まえ》で一番《ばん》古くって一番新しいものであります。吾々《われわれ》の「いのち」は当《あた》り前《まえ》の「いのち」が宿《やど》っているのですから、その当《あた》り前《まえ》の「いのち」の完《かん》全《ぜん》な活動《かつどう》を招《よ》び出《だ》すには当《あた》り前《まえ》の心になる必要《ひつよう》があります。ですから当《あた》り前《まえ》で喜《よろこ》ばれるようになった時《とき》に、はじめてその人《ひと》の一切《いっさい》の不幸《ふこう》は拭《ぬぐ》い取《と》られることになるのであります。何《なに》よりも知らなければならない事《こと》は、吾々《われわれ》は「生命《いのち》」であるということです。吾々《われわれ》は生命《いのち》である。そして当《あた》り前《まえ》という事は「生命《いのち》」の自然《しぜん》です。「生命《いのち》」を生かすためには「生命《いのち》」の自然のままに動くという事が必要なのです。「生命《いのち》」の自然にまかせるということを時々《ときどき》はき違《ちが》える人がありまして、怠《なま》けることが自然であるとこう思ったり、何《なに》か異常《いじょう》な変《かわ》ったものが欲《ほ》しくなるということを、自然であると思っている人がありますが、吾々《われわれ》の生命《いのち》は唯《ただ》そこに与えられている生命《いのち》である。それは始《はじ》めから与えられている生命《いのち》である。吾々《われわれ》はそれを受けるより仕方《しかた》がない。生命《いのち》は生きるように出来《でき》ている。これがありのままの相《すがた》なのであります。そのありのままを生かすということは、命《いのち》を働《はたら》かせるという事《こと》であります。命《いのち》は幸福《こうふく》になるように出来ていますから、命《いのち》を生かすようにさえすれば、そこに人間《にんげん》の一切《いっさい》の不幸《ふこう》は拭《ぬぐ》いとられるのです。

三

唯吾々《ただわれわれ》は与えられたる命《いのち》の本性《ありのまま》を生かしさえすれば好《よ》いのです。生かすことは働かせる事です。ありのままをそのまま有難《ありがた》く受けてそれを百パーセント生かすのです。命《いのち》とは流《ながれ》である。命《いのち》とは動いているのです。停止《ていし》すればもうそこに命《いのち》はないのです。ですから命《いのち》はそれを動かし働かしさえすれば、もうそこに自然《しぜん》に富《とみ》の供給《きょうきゅう》も健康《けんこう》の供給も無尽蔵《むじんぞう》に入《はい》ってくるのでありま

頭注版㊱四二頁

無尽蔵 いくら取っても尽きないこと

して、決《けっ》して吾々《われわれ》は不健康《ふけんこう》でも貧乏《びんぼう》でもないのであります。ところがその命《いのち》のありのまま――当《あた》り前《まえ》の相《すがた》になれない人《ひと》が多いのであります。偉《えら》い人でも時々《ときどき》当《あた》り前《まえ》になれないことがあります。聖《せい》フランシスのような浄《きよ》い人でも命《いのち》の当《あた》り前《まえ》を享《う》け生かすことが出来《でき》なかった。そして人と変《かわ》っていなければ、貧乏にならなければ、値打《ねうち》がないように思ったのです。これは貧乏に執《しゅう》し、貧乏に捉《とら》われたのであります。私にもそういう時《とき》がありました。その時《じ》代《だい》が如何《いか》に超克《ちょうこく》されたかは、私の著書《ちょしょ》『佛教《ぶっきょう》の把握《はあく》』に詳《くわ》しく書いてあります。人間《にんげん》は聖貧礼讃《せいひんらいさん》の境地《きょうち》をも超克脱却《ちょうこくだっきゃく》しなければならないのです。

そうかと思うと、又金持《またかねもち》にならなければ値打《ねうち》がないように思う人もあります。どちらもこれでは間違《まちが》っているのであります。人間は貧乏にならなければ値打《ねうち》がないという事《こと》もなければ、金持《かねもち》にならなければ価値《かち》がないという事もない、唯《ただ》もうそのまま当《あた》り前《まえ》で、ありのままそのままで価値があるのです。何故《なぜ》なら人間は神の子だからです。そのままが喜《よろこ》ばれるようになった人

聖フランシス　一一八二～一二二六年。カトリック修道士。フランシスコ修道会の創設者。富豪の子に生まれながら、生涯にわたって清貧と「キリストのまねび」に徹し、ラベルナ山において聖痕を受けたと言われる

超克　困難や苦しみを乗りこえて打ち克つこと

『佛教の把握』　昭和十二年、光明思想普及会刊。著者の立教前の著書『聖道へ』の大半、本全集第三十三巻「自伝篇」下巻の「関東大震災に逢う」「肉体及び物質の否定」、第四十三巻「久遠仏性篇」中巻の「久遠を流るるいのち」等を収録

聖貧　行いが清らかで私欲がなく、貧乏なこと

礼讃　すばらしいものとして、ほめたたえること

でないと、「そのままで人間《にんげん》は神の子である」という実相《じっそう》が解《わか》ったとはいえないのです。そのままならじっとしているかというと、生命《せいめい》はじっとしているのはそのままではないのであります。生命《せいめい》は「動き」ですから、生命《せいめい》の動きである働《はたら》きであるところの自然《しぜん》の性《せい》に従《したが》う時《とき》、自然に動き出し自然に働き出すという事《こと》になるのであります。「そのまま」と申《もう》しましたら、じっとしていなければならないと思って無理《むり》にじっとしようと身構《みがま》えをすると、その身構えをした瞬間《しゅんかん》に「そのまま」が崩《くず》れてしまうのであります。「そのまま」を崩したら、もうありのままの「神の子」が出ていないから値打《ねうち》がないのです。「そのまま」有《あり》のまま、本来《ほんらい》の性質《せいしつ》のままが、そのままで本然《ほんねん》で、計《はか》らわずに本来の命《いのち》の性質そのままになった時、そこに神の子の無限《むげん》の値打《ねうち》が輝き出るのです。その神の子の輝きがそのままの命《いのち》、素地《きじ》のままの命《いのち》で、何等外面《なんらがいめん》から修飾《しゅうしょく》したり、小細工《こざいく》を用《もち》いたり、私《わたくし》の計《はか》いを用いたりしなくともそのままで尊《とうと》いのであります。そうなりますと、貧乏《びんぼう》でなければならな

本然 自然のままの状態。生まれつきそなわっているもの

素地 手を加えていないもとのままのもの

いという事《こと》もないし、金持《かねもち》にならなければならないということもない。金《かね》がなくっても好《よ》いし、あっても好《よ》い、またそういう心境《しんきょう》になりさえすれば必《ひつ》要《よう》なものは自然《しぜん》と流《なが》れ入《い》ってくるでしょうし、また流《なが》れ入《い》って来なくても一《いっ》向不足《こうふそく》な心も起《おこ》らないでしょうし、ありのままのそのままを有難《ありがた》く受けてただ喜《よろこ》べるようになるのです。趙州和尚《じょうしゅうおしょう》のところへ修行《しゅぎょう》の僧《そう》がやって来て、修行の極意《ごくい》はなんですかといって訊《たず》ねた時《とき》、趙州和尚《じょうしゅうおしょう》は「お前《まえ》朝《あさ》御飯《ごはん》を食べたか」と反問《はんもん》した。「食べました」と答えると、「食べたら茶碗《ちゃわん》を洗いなさい」といわれた。その時ハッとその僧は悟《さと》ったという。それが修行の極意であります。ありのまま、当《あた》り前《まえ》をそのまま受け取って、それを今《いま》持っている自分《じぶん》の力《ちから》で百パーセント生かして行《ゆ》くのです。そうするとその当《あた》り前《まえ》の生《せい》活《かつ》の中《なか》に命《いのち》が生きて輝《かがや》き出し、いのちの本当《ほんとう》の値打《ねうち》が顕《あらわ》れて来るのであります。その当《あた》り前《まえ》――いのちの本然《ほんねん》――そのままが実相《じっそう》であります。初心《しょしん》の人《ひと》は実相といえばどこか遠いところにあるように思うことがありますが、そう

極意　物事の核心。
奥義

ではないのでありまして、そのまま、有《あり》のまま、当《あた》り前《まえ》の中《なか》に実相《じっそう》が輝《かがや》いているのであります。

四

無論《むろん》この五官的存在《ごかんてきそんざい》は本来ないのであります。それをかく見ているというだけでその通りあるのではありませんから、一ぺん五官的存在を「無《む》」と打《うち》消《け》してしまって、そうして現象《げんしょう》の無《む》を悟《さと》って、さてその後《のち》五官を超越《ちょうえつ》した生命《いのち》の流《ながれ》を把握《はあく》して、そのままそのいのちを生きるという事《こと》になって、そこにもう一度《ど》この生命《いのち》の活動《かつどう》が目に見える現実生活《げんじつせいかつ》に戻《もど》ってくるのです。

肉体《にくたい》はないんだから、物質《ぶっしつ》はないんだから、もう肉体も物質も生活《せいかつ》も軽《かろ》んじて好《い》いんだというふうになりますと、それはもう生命《いのち》の生き働《はたら》くという有《あ》りのままを失った事になるのです。それは「無《む》」に執《とら》われて自由《じゆう》を失

頭注版㊱四五頁

五官 外界の事物を感じ取る五つの感覚器官。目・耳・鼻・舌・皮膚

った事《こと》になるのであります。「物質《ぶっしつ》はない、肉体《にくたい》はない」と申《もう》しますのは、肉体や物質に捉《とら》われなくなるために一旦《いったん》それを否定《ひてい》するのですが、「無《な》い」と思って動かないのは「無《な》い」に捉《とら》われ、空《くう》に執《とら》われた事になるのです。空《くう》に執《とら》われたら又迷《またまよい》でありますから、空《くう》に執《とら》われないようにならなければならないのです。空《くう》をもう一《ひと》つ抹殺《まっさつ》して、空《くう》をも空《くう》じてしまって、そうして生命《いのち》そのままにならなければならないのです。いのちのそのままを、「生命《せいめい》の実相《じっそう》」と申しているのであります。いのちのそのままになりますと、自《し》然《ぜん》に生命《いのち》の自由《じゆう》を得《え》て来ますし、供給《きょうきゅう》も自《おのず》から無限《むげん》に入《はい》ってくるのであります。「生長《せいちょう》の家《いえ》」では自給自足《じきゅうじそく》だなどと窮屈《きゅうくつ》な事はいわないのであります。およそこの世《よ》の中《なか》に自給自足などという事は有《あ》り得《え》ない事であって、宇《う》宙《ちゅう》全体《ぜんたい》が一つの渾然《こんぜん》たる一体《いったい》であると致《いた》しますと、自給自足という事は成《なり》立《た》たない。もし成立《なりた》つにしましても、それが成立《なりた》ったら、その人《ひと》の生活《せいかつ》は非《ひ》常《じょう》に窮屈《きゅうくつ》なものになって、不自然《ふしぜん》なものになり、いのちの有りのままを失

渾然　一つにとけ合っているさま

ってしまうのであります。ですから「生長《せいちょう》の家《いえ》」では自給自足《じきゅうじそく》でなしに他《た》給自足《きゅうじそく》であります。他給自足で同時《どうじ》に自給他足《じきゅうたそく》であります。人《ひと》にこちらから与える代《かわ》りに、向《むこ》うからこちらが又貰《またもら》うのであります。持ちつ持たれつであります。武者小路実篤《むしゃこうじさねあつ》さんが「新しき村」を拵《こしら》えて、宮崎県《みやざきけん》の児湯郡木《こゆぐんき》城《じょう》というところに自給自足《じきゅうじそく》の新しい理想村《りそうむら》を拵《こしら》えられましたが、あれも最初《さいしょ》は自給自足の村を拵《こしら》えるつもりらしかったが、到底《とうてい》自給自足という事《こと》が出来《でき》ないということが判《わか》ったのであります。灌漑《かんがい》をするにはエンジンをよそから持って来なければならないし、色々農作《いろいろのうさく》に要《よう》する道具《どうぐ》や生活《せいかつ》に必要《ひつよう》な道具を他《た》から求めなければ成立《なりた》たないという事が判《わか》ったと申《もう》します。一切《いっさい》のものは自給他足、他給自足でなり立っているのはこの事でも判《わか》ります。

人格《じんかく》の立派《りっぱ》な人のなかには他《ひと》の世話《せわ》になるという事を非常《ひじょう》に嫌《いや》がって、自《じ》分《ぶん》で成《な》るべく自分の事をしたいというような考えを持つ人がたくさんあります。「生長《せいちょう》の家《いえ》」の教《おし》えにも「自分ひとりで立て」という意味《いみ》の事が書い

持ちつ持たれつ　互いに助けたり助けられたりすること

武者小路実篤さん　明治十八～昭和五十一年。小説家、劇作家。志賀直哉らと『白樺』を創刊。大正七年、トルストイの人道主義に基づいて「新しき村」を創設した。『お目出たき人』『友情』等の作品がある。昭和二十六年文化勲章受章

灌漑　農作物の生育に必要な水を水路から引いて土地を潤すこと

てあります。例《たと》えば中風《ちゅうぶう》の人《ひと》が杖《つえ》に縋《すが》らなければ歩けないと信じて杖《つえ》に縋《すが》っている。その為《ため》にいつまでも中風《ちゅうぶう》が治《なお》らない。そんなときに、すべて他《た》に頼《たよ》るような頼《たよ》り心《ごころ》というものは悪いものであって、一人《ひとり》で立つようにしなければいけない、生命《せいめい》は一人《ひとり》で立つのが本当《ほんとう》であるから一人《ひとり》で立つようにしなければいけない、依頼心《いらいしん》を起《おこ》すのはいけないと教《おし》えてあり、本当にその教えを信じて「ひとりで立つ」という心を素直《すなお》に起《おこ》した人はその人の中風《ちゅうぶう》は治《なお》ってしまうのであります。ところがそれも一《ひと》つの対機説法《たいきせっぽう》でありまして、依頼心ばかり起《おこ》している人には依頼心を起《おこ》すのはいけないと説《と》くのであります。みずから立つ力《ちから》があることを忘れ総《すべ》てに頼《たよ》り、薬《くすり》に頼り、或《あるい》は他《ひと》の力に頼り、或《あるい》は寄附合力《きふごうりき》に頼るような、そういうさもしい頼《たよ》り心《ごころ》を持っている人には、そう説く事《こと》が相手《あいて》を生かす事になるのであります。しかしそれは対機説法であって、必《かなら》ずしもあらゆる場合《ばあい》に当《あ》てはめてそれが真理《しんり》だとはいえないのであります。宇宙《うちゅう》は一体《いったい》ですから本当は他給自足《たきゅうじそく》且《か》つ自給他足《じきゅうたそく》である

中風　脳出血などによる半身不随または手足の麻痺などの症状

対機説法　相手の素質や能力や立場に合わせた説き方

合力　金品をほどこして助けること

さもしい　意地きたない。あさましい

のが本当《ほんとう》なのです。頼《たよ》り心《ごころ》を持つ人《ひと》は他給自足《たきゅうじそく》とずるい事《こと》ばかりを考えて自給他足《じきゅうたそく》を考えない。そこで「ひとりで立て」というのはそんな人に対《たい》する「喝《かつ》」なのであります。「ひとりで立て」といっても人間《にんげん》は決《けっ》してひとりで生きる事が出来《でき》ないのです。わしは誰《たれ》にも頼《たよ》らぬといっても、自分《じぶん》で稲《いね》を植えて、自分で収穫《しゅうかく》して、自分で蚕《かいこ》を飼《か》って、自分で糸を紡《つむ》いで、自分で織《おり》物《もの》を拵《こしら》えて、自分で染物《そめもの》をして、自分で縫《ぬ》ってと、そういう具合《ぐあい》にひとりの力《ちから》では到底《とうてい》それは出来ないのです。そこで本当の真理《しんり》はどうであるかといいますと自他一体《じたいったい》が本当の真理であります。自給他足且《か》つ他給自足という事になるのです。このどちらが欠けてもいけないのです。いつも薬《くすり》に頼《たよ》り、物《もの》に頼り、人様《ひとさま》の厄介《やっかい》になることばかり考えている人には「自《みずか》ら立て」「物質《ぶっしつ》はない」「いのちはそれ自身《じしん》で立つ」と申します。そこを『生命《せいめい》の實相《じっそう》』を読む人は、よく考えて読まなければならないのです。真理は眼《め》に見えないから、現象《げんしょう》の言葉で言《い》い現《あらわ》そうとすると対機説法《たいきせっぽう》になるのです。現象はすべ

喝　修行者を励まし導くときの叫び声

て相対的《そうたいてき》にあらわれているから対機説法《たいきせっぽう》だということが出来《でき》ます。対機説法でないそのままの真理《しんり》をいえといわれたら、天地《てんち》と倶《とも》に黙《だま》っているほかないのです。天地は常《つね》に説法《せっぽう》し、常に黙っています。対機説法を見て、此処《ここ》と此処《ここ》と矛盾《むじゅん》しているなどと或《あ》る場所《ばしょ》の一句《く》とこちらの場所の一句とを持って来て並《なら》べてみて、一方《いっぽう》は「他《ひと》に頼《たよ》るな、自《みずか》ら立て」と書いてあるかと思うと、一方は「他給自足《たきゅうじそく》」だと書いてあるから大変《たいへん》矛盾しているなどと理窟《りくつ》をいう人《ひと》は文字《もじ》に引っかかっているのです。文字は真理に到《いた》らしむる為《ため》に書いてあるので、決《けっ》して矛盾ではないのであります。言葉に引っかかれば矛盾であり、文字だけを見れば矛盾のように見えましても、矛盾ではない。右手を動かし左手を動かしましても右へも左へも行《ゆ》くためでなく、真直《まっすぐ》に泳いで行《ゆ》くために右手を動かし左手を動かすのであります。目的《もくてき》は右にもなければ、左にもないのであります。

相対的　他のものとの比較において、そうであること

説法　宗教の教えや物事の道理を説いて聞かせること

矛盾　つじつまが合わないこと

五

そこで、吾々《われわれ》は頼《たよ》り過《す》ぎる人《ひと》には「人に頼るな」と説《と》くのであります。その人には頼らないという事《こと》が生命《せいめい》を生かすことになるのであります。勉強《べんきょう》するのでも、他《ひと》に代《かわ》りに勉強してもらったのでは自分《じぶん》が上達《じょうたつ》しない。自分が上達する為《ため》には、自分が勉強しなければならない。ですから、先《ま》ず最初《さいしょ》の勉《べん》強時代《きょうじだい》には他《ひと》に頼るなという事を説くのであります。ところが、段々他人《だんだんひと》に頼ってはならないとその事に捉《とら》われて参《まい》りますと、人間《にんげん》が窮屈《きゅうくつ》になり、排《はい》他的《たてき》になってくるのであります。例《たと》えば座談会《ざだんかい》なら座談会を開《ひら》くと致《いた》しますと、他《ひと》の世話《せわ》を受けるといかんとばかり捉《とら》われると、折角或《せっかくあ》る熱心《ねっしん》な誌友《しゆう》が場所《ばしょ》を提供《ていきょう》して、「どうぞ集《あつま》って下《くだ》さい」というて世話をして下さるのでも「私は他《ひと》の世話にはなりません」といって、折角《せっかく》のその人の深切《しんせつ》を受ける

頭注版㊱四九頁

排他的　他人や仲間でない者を退ける傾向

事《こと》が出来《でき》ない。それではその人《ひと》の深切《しんせつ》も好意《こうい》も生かすことが出来ないし、自《じ》分自身《ぶんじしん》も互《たがい》に霊《みたま》を磨《みが》き合《あ》って向上《こうじょう》する事が出来ないのであります。ですから「他《ひと》に厄介《やっかい》をかけてはいかん」という事でも、執《とら》われてしまった時《とき》には却《かえ》っていいのちが生きなくなるのであります。この問題《もんだい》はちょっと微妙《びみょう》な問題でありますけれども、そこがまことに大切《たいせつ》なのであります。

六

私の生《う》みの父親《ちちおや》というのは、余程《よほど》、他《ひと》に世話《せわ》をかける事が嫌《きら》いな人だったのであります。他《ひと》の世話になってはならないといって、親類《しんるい》の家《いえ》に行《ゆ》くのでも、弁当《べんとう》を持って行《い》ったという位《くらい》の人だったのです。そういうふうに「他《ひと》の世話にならぬ」のも或《あ》る場合《ばあい》にはいいかも知れないけれども、それではあまりに親類らしい親《した》しみがないのです。折角久《せっかくひさ》しぶりでやって来たのだから御《ご》

頭注版㊱五〇頁

生みの父親　谷口音吉。著者は数え四歳のとき叔母夫婦の養子となった。本全集第三十一巻「自伝篇」上巻第一章参照

馳走《ちそう》でも食べさせて上げたいと思っても、自宅《じたく》から弁当下《べんとうさ》げて来ているというのではどうも親《した》しめないというような事《こと》になるのであります。そういう場《ば》合《あい》には、「我《われ》」というものが、ここからここ迄《まで》が「我《われ》」だというように殻《から》を造《つく》り仕切《しきり》を拵《こしら》えて、自他一体《じたいったい》の心がなくなって、他《ほか》の人《ひと》は皆自分《みなじぶん》の殻《から》の外《そと》にあるというように感《かん》じ、これは「自分」、あれは「他人《たにん》」とあまりにハッキリし過《す》ぎて親類《しんるい》などにさえも他人《たにん》行儀《ぎょうぎ》で親しみがなかったのであります。そういう非常《ひじょう》に遠慮深《えんりょぶか》い人《ひと》の子として生《う》まれた加減《かげん》でありましょうか、私なんかもその性格《せいかく》を随分《ずいぶん》たくさん受けておりまして、そういう遠慮深すぎる性格を自分で超克《ちょうこく》する為《ため》に、色々《いろいろ》と苦心《くしん》したものであります。努力《どりょく》し努力して、そうして辛《や》っと今《いま》の自給他足《じきゅうたそく》、他給自足《たきゅうじそく》の自他一体《じたいったい》の人生観《じんせいかん》に到達《とうたつ》する事が出来《でき》たのであります。

他人行儀　他人に対するようによそよそしく、打ち解けないふるまい

辛っと　かろうじて

七

ここからここまでが自分《じぶん》、ここからここ迄《まで》が他人《たにん》だと思っているから、他人の世話《せわ》になるのが悪いという事《こと》になりますが、この「我《われ》」という殻《から》が、「自分というものは本来《ほんらい》ない」という悟《さと》りまで行《ゆ》きますと、この殻《から》が破《やぶ》れてしまうのであります。この殻《から》が破れてしまいますと、「我《われ》」という存在《そんざい》が無《な》くなってしまう。「我《われ》」という存在が根本的《こんぽんてき》になくなってしまった時《とき》、「自《じ》」も「他《た》」もないのですから、「他給自足《たきゅうじそく》」も「自給他足《じきゅうたそく》」もなくなってしまう。他給自足、自給他足と分別《ふんべつ》すべき何物《なにもの》もなくなってしまいながら、自給他足、他給自足が自然《しぜん》に成就《じょうじゅ》するのです。「我《われ》」という殻《から》をポンと割ってしまったら、もう自《じ》と他《た》とが入《い》り混《まじ》って、自由《じゆう》になるのでありま す。そうすると一切《いっさい》の供給《きょうきゅう》――いゝ、いのちも経済界《けいざいかい》のものも循環《じゅんかん》して止《とど》まら

頭注版㊱五一頁

分別　種類によって区別したり区分したりすること

ず、大実在《だいじつざい》の無限流通《むげんりゅうつう》の有様《ありさま》がそこに現《あらわ》れることになります。そうすると時《とき》には人《ひと》の世話《せわ》にはなるけれども、その世話になっている自分《じぶん》というものがない。自分というものが公共的存在《こうきょうてきそんざい》なのですから、他《ひと》の世話になったとて他《ひと》が他《ひと》を世話していると同じ事《こと》なのです。何《なに》よりも「自分」というものが何物《なにもの》であるかの自覚《じかく》が大切《たいせつ》です。自分というものが利己主義的存在《りこしゅぎてきそんざい》、我利的《がりてき》な存在《そんざい》でありましたならば、その人は如何《いか》に少《すく》く他《ひと》の世話になったにしても我利主義《がりしゅぎ》を実行《じっこう》していた事になるのであります。ところが「自分」というものが本来《ほんらい》「自分」ではない、本来我利的《がりてき》な存在ではない、本来利己主義的な存在ではない、公《おおやけ》なる存在であるとの根本的足場《こんぽんてきあしば》が定《きま》ってしまいましたならば、自分が他《ひと》の世話になるという事も公共的《こうきょうてき》な存在が公共から維持《いじ》されているということになるのですから、これは当然《とうぜん》な事であって、少しも悪い事はないという事になるのであります。ですからもしこの「自分」というものが根本的に利己的存在《りこてきそんざい》で我利的存在《がりてきそんざい》であるとしましたならば、自分が出来《でき》

我利的　自分の利益ばかりを追い求めるような

るだけ他《ひと》の世話《せわ》になるまいとして、弁当《べんとう》を下げても山に籠《こも》りましても、苟《いやしく》も自分自身《じぶんじしん》が我利的存在《がりてきそんざい》である限《かぎ》りに於《おい》て、その人《ひと》が少しでも飯《めし》を食《く》ったり水を飲んだりする事《こと》は或《あるい》は外《ほか》の他《た》の人の得《う》る飯《めし》を減《へ》らし、水の世話をかけ我《が》利主義《りしゅぎ》の為《ため》に他《ほか》の人から搾取《さくしゅ》しているという事になるのであります。又《また》「自《じ》分《ぶん》」というものが根本《こんぽん》に於《おい》て利己的存在《りこてきそんざい》でありますならば、どんなに遠慮《えんりょ》して貧《まず》しい着物《きもの》を着ましても、どんな見《み》すぼらしい襤褸《ぼろ》を着ましても、織物工《おりものこう》場《ば》の女工達《じょこうたち》から、利己《りこ》の為《ため》に搾取していると考えられる事になるのです。そういうふうに自分自身《じぶんじしん》が利己主義的存在《りこしゅぎてきそんざい》であるなら、山中《さんちゅう》に入《はい》って、どんな質素《しっそ》な身《み》すぼらしい生活《せいかつ》を遠慮がちにしていても、利己主義生活《りこしゅぎせいかつ》を送っているということになるのです。ところが自分自身《じぶんじしん》が本来《ほんらい》利己的存在ではないという根本自覚《こんぽんじかく》を得《え》、もう決《けっ》して利己的には生きぬという決心《けっしん》が出来《でき》ますならば、もう自分がどんなに豊富《ほうふ》に生活しても、それは自分を楽しませるのではないのでありまして、自分という公共的存在物《こうきょうてきそんざいぶつ》を豊富にするという事に

苟も　かりにも。かりそめにも

搾取　しぼり取ること。奪い取ること

女工　女性工員。特に製糸業を中心とする紡績工業の工員を指す。本書執筆当時は女工が苛酷な労働環境で働いていた。本全集第三十一巻「自伝篇」上巻第五章参照

なるのであります。ですから、もう決《けっ》して遠慮《えんりょ》も何《なに》も要《い》らない、自給他足《じきゅうたそく》、他給自足《たきゅうじそく》循環《じゅんかん》して止《とど》まらずという無限供給《むげんきょうきゅう》の実相《じっそう》が顕《あらわ》れて来るのです。要《よう》するに何《なに》よりも先《ま》ず、自分自身《じぶんじしん》が公共的存在《こうきょうてきそんざい》に成《な》り切《き》ってしまうという事《こと》が一番《ばん》であります。ところが、それはむつかしいことでしょうか。決して難《むつ》かしいことはありません。吾々《われわれ》は大生命《だいせいめい》から生《うま》れた。その実相は大生命《だいせいめい》に於《おい》て自他一体《じたいったい》なのですから、吾々《われわれ》のありのままは公共的存在なのです。吾々《われわれ》の生活《せいかつ》が公共的生活《こうきょうてきせいかつ》なのが当《あた》り前《まえ》なのです。当《あた》り前《まえ》の生活にならなければいかんというのは、さてどんな事かと思っていると、本当《ほんとう》は公共的存在として公共的生活を営《いとな》むことだったのです。吾々《われわれ》には宇宙《うちゅう》に遍満《へんまん》しているところの生《せい》命《めい》が宿《やど》っている。いい換《か》えると共通《きょうつう》の生命《せいめい》が宿っているのです。吾々《われわれ》は共通の生命《せいめい》から生《うま》れて来た兄弟達《きょうだいたち》でありますから、当《あた》り前《まえ》になる時《とき》、ありのままになる時公共的《こうきょうてき》な存在《そんざい》として公共的な生活を送るしか仕方《しかた》がないのです。ありのままの生命《いのち》を当《あた》り前《まえ》に生きるという事は、要《よう》するに自分自身が公共的

遍満　あまねく満ちわたっていること

の存在《そんざい》であるというありのままの事実《じじつ》を悟《さと》って生きる事《こと》が本当《ほんとう》の当《あた》り前《まえ》になることだったのであります。そうなりますと自分《じぶん》だけが人《ひと》を踏《ふ》みつけて出《しゅっ》世《せ》しなければ楽しくないとか、どの学説《がくせつ》が先《さき》であるとか、後《あと》であるとか、プライオリティを争ってみるような先取争《せんしゅあらそ》いの気持《きもち》や或《あるい》は感覚《かんかく》の何《なに》か強烈《きょうれつ》な刺《し》戟《げき》がないと楽しくないというようなことはすべて無《な》くなってしまいまして、ただ吾《われ》ら共通《きょうつう》の生命《せいめい》の子であるという自覚《じかく》に依《よ》って、共通の生命《せいめい》を生きることになり、生活《せいかつ》の共通生命《きょうつうせいめい》の流《ながれ》が循環《じゅんかん》して入《はい》って参《まい》りますから、そこに何《なに》をしても本当に宇宙的《うちゅうてき》な魂《たましい》の喜《よろこ》びというものが出てくるのであります。

プライオリティ　優先順位。優先権

八

およそ魂《たましい》の喜びというものはどんなものかといいますと、共通的生命《きょうつうてきせいめい》が自分に生きた時《とき》に感《かん》ずる喜びであって、これは、「我《が》」の喜びではなく、

頭注版㊱五四頁

魂《たましい》の奥深《おくふか》い所《ところ》から、即《すなわ》ち共通的生命《きょうつうてきせいめい》の奥底《おくそこ》から喜《よろこ》びが感《かん》じられて来るのです。共通的生命《きょうつうてきせいめい》を自分《じぶん》が生きる、小さな個我《こが》の「我《われ》」という殻《から》の中《なか》の生《せい》活《かつ》が破《やぶ》れてしまって、共通的の生命《せいめい》の流《ながれ》と一《ひと》つになって生きる程度《ていど》に従《したが》って、吾々《われわれ》の魂《たましい》の喜びが一層《いっそう》深く感じられてくるのです。すべて生命《せいめい》の喜びというものは、自分の生命《せいめい》が幾分《いくぶん》でも拡大《かくだい》して——換言《かんげん》すれば小我《しょうが》の殻《から》が破れた時《とき》に、自己拡大《じこかくだい》の喜びが感ぜられるのです。自己拡大の極《きょく》の極《きょく》は自分の個我《こが》の殻《から》が破れて大宇宙《だいうちゅう》に遍満《へんまん》している大生命《だいせいめい》の流《ながれ》となった時です。その時に吾々《われわれ》は手の舞《ま》い足の踏《ふ》む所を知らぬような喜びを感ずるのです。すべての生命《せいめい》の喜びは自己拡大の心といってもいいのです。感覚《かんかく》の歓《よろこ》びでさえも局《きょく》限《げん》された自己拡大の感じです。感覚の触手《しょくしゅ》をもって自分が外界《がいかい》にそれだけ延長《えんちょう》し拡大して行《ゆ》くわけです。例《たと》えば美味《おい》しいものを食べると楽しいというのは、やはり自分の触手《しょくしゅ》が美味《おい》しいという何《なに》ものかのところへ延長して行《い》ったので、自分の心が拡大する、そしてお菓子《かし》ならお菓子のところへ自分

個我　他者と区別された自我

換言　言い換えること

小我　仏教語。煩悩にとらわれた狭い自我

極の極　到達できる最終点を強めて言った語。きわみ

手の舞い足の踏む所を知らず　儒教の五経のうちの『礼記』「楽記」及び『詩経』「周南・関雎序」にある言葉。非常に喜んで歌うだけでは足りずに思わず小躍りするさま

局限　範囲を一部分に限定すること

触手　無脊椎動物の口の周囲などの細長い突起。触覚や捕食の働きをする

の五官《ごかん》の触手《しょくしゅ》が拡《ひろ》がって行《い》って、その美味《おい》しさと一《ひと》つになった時《とき》に、そこに味《あじわ》いというものが出て来て、それが楽しいものというわけなのです。ですから感覚《かんかく》の喜《よろこ》びも局限《きょくげん》された自己拡大《じこかくだい》と見ることが出来《でき》ます。又例《またたと》えば美しい花を見て吾々《われわれ》が生命《せいめい》の喜びを感《かん》ずる――自分《じぶん》というものが目を閉《と》じて、自分の殻《から》の中《なか》にのみおって自分だけの事《こと》しか分《わか》らなければ自己拡大が起《おこ》らないから、花が見えず、美しさの喜びが感じられないのです。心を開《ひら》き、眼《め》を開き、自己《じこ》を拡大《かくだい》して花を見た時「ああ美しいな」という喜びを感ずるのは自分の心がそこ迄延長《までえんちょう》して往《い》ってそれだけ拡大したという事になるのであります。このように総《すべ》て生命《せいめい》の喜びという事は自分が拡大した時に喜べるのであります。苦しみ、悲しみ、心が痛《いた》むような状態《じょうたい》は自己が萎縮《いしゅく》した時に起《おこ》ってくるのであります。その自己拡大の極致《きょくち》はどういうものであるかというと、吾《われ》というものが無《な》くなってしまった時、個我《こが》というものが消えてしまった時、その時こそ、自己拡大の最《もっと》も大《だい》なるものであり、それだけ深く大き

萎縮　気力や勢いが衰えてちぢこまっているさま
極致　到達することができる最高の境地

な喜《よろこ》びが感《かん》じられて来るのです。当《あた》り前《まえ》の生活《せいかつ》に喜びがないというのは嘘《うそ》でありますそれは実相《じっそう》の生活になっていないから喜びがないのです。当《あた》り前《まえ》の生活になったら大生命《だいせいめい》との仕切《しきり》がとれてしまうから、これ位《くらい》大きな喜びは他《ほか》にないといってもいい過《す》ぎではないのであります。五官《ごかん》の喜びは小規模《しょうきぼ》な自己拡大《じこかくだい》でありますが、やはり自他《じた》の仕切《しきり》があって、「吾《わ》れ」が「あれ」を見て楽しむというような相対的《そうたいてき》なところがあり、「自《じ》」と「他《た》」の仕切《しきり》があるためにそう大《たい》した喜びではないのであります。そして、それに執《しゅう》着《じゃく》すると、生命《せいめい》が執《しゅう》着《じゃく》する為《ため》に流れる自由《じゆう》を失って、喜びが苦痛《くつう》に変《へん》じてしまうのです。この前申《まえもう》しましたように生命《せいめい》の本当《ほんとう》の姿《すがた》は自由ということですから、「我《われ》」があって他物《たぶつ》に執《しゅう》着《じゃく》する限《かぎ》りに於《お》いては自由を失ってしまう。自由を失ったら生命《せいめい》は苦しむという事《こと》になるのです。五官の喜びも自分《じぶん》がそれだけ拡大して延長《えんちょう》するものでありますけれども、それにひっかかってしまい易《やす》く、苦痛《くつう》に変《へん》じ易《やす》いのは、「自《じ》」と「他《た》」と対立《たいりつ》し、「我《われ》」が他物《たぶつ》に執《しゅう》着《じゃく》してしまう結果《けっか》融通《ゆうずう》自在《じざい》を失ってくるからであります。こういうふうに何《なん》でも苦しみとか悩《なや》みとかいうものは引っかかりから出てくるのであります。そして引っかかりの正体《しょうたい》はというと、当《あた》り前《まえ》を失った姿《すがた》であります。生命《せいめい》の当《あた》り前生命《まえせいめい》の本然《ほんねん》の相《すがた》というものは、流れ流れ動き動いて止《とど》まらないところの融通自在《ゆうずうじざい》、無礙自在《むげじざい》、行雲流水《こううんりゅうすい》の相《すがた》であります。この流水無礙《りゅうすいむげ》の姿にはどうしたらなれるかというと、「我《われ》」という小さな殻《から》が無《な》くなった時《とき》であります。「我《われ》」は無《な》い、共通《きょうつう》の生命《せいめい》の栄《さか》えのために——それのみ心掛《こころが》けて生きるようになりますと、もう奇蹟《きせき》にも不思議《ふしぎ》なものにも憧《あこが》れないでも魂《たましい》はいつも喜《よろこ》んでおられるようになるのであります。そうなると自然《しぜん》と心の滞《とどこお》りが無《な》くなりますから、病気《びょうき》も消えてしまうのであります。異常現象《いじょうげんしょう》は総《すべ》て病気の一種《いっしゅ》でありますから、病気も異常現象でありますから、人間《にんげん》のいのちが自然に還《かえ》れば無《な》くなってしまうのであります。どうぞ皆《みな》さん、当《あた》り前《まえ》のそのままのいのちを喜《よろこ》べるようになって戴《いただ》きたいと思います。

無礙自在　心にとらわれることがなく、自由自在であるさま

行雲流水　行く雲や流れる水のように、自然の動きに逆らうことなく身を任せる心境

第三章　無《む》礙《げ》の大道《たいどう》

頭注版㊱五八頁
無礙　さまたげのないさま

一

頭注版㊱五八頁

私の今晩《こんばん》お話し申上《もうしあ》げる話の演題《えんだい》はここに書いてございます通《とお》り「無礙《むげ》の大道《たいどう》」というのでございます。やっぱり「ありのままの生活《せいかつ》」というのと同じような題《だい》でございますな。尤《もっと》もこれは私が附《つ》けた演題《えんだい》ではないのでありま す。実《じつ》は今晩何《こんばんなに》か話してくれと被仰《おっしゃ》ることでありますから、そのところ宜《よろ》し いように題を附《つ》けておいて下《くだ》さい、何《なん》でもその題通《だいどお》りの話をいたしましょ う、とこう申上《もうしあ》げておいたのであります。そこで今晩参《まい》りますと「無礙《むげ》の大《だい》 道《どう》」という演題が附《つ》いていたのであります。どうしてこんな題を附《つ》けて下《くだ》さ ったのであるかといいますと、おそらく無礙《むげ》の大道《たいどう》をスルスルと歩いて生き るのが生長《せいちょう》の家《いえ》の生き方であると司会者《しかいしゃ》の方《かた》がお考え下さったからであろ うと思われます。そうです、光明生活《こうみょうせいかつ》はどこにも引掛《ひっかか》りのない大きな道《みち》を するすると歩いて行《ゆ》く無礙《むげ》の大道《たいどう》の生活《せいかつ》であります。少しも引掛《ひっかか》りのない生 活、執《とら》われのない生活、そのままの生活なのであります。これが生長の家の 生き方でありまして、何《なに》かに引掛《ひっかか》ると、そこに生長ということが本当《ほんとう》に出来《でき》 ないのであります。

第一《だい》、この生長の家と申《もう》しますのは、皆《みな》さんも御存知《ごぞんじ》でありましょうが、一宗《しゅう》一派《ぱ》に執《とら》われた宗教《しゅうきょう》ではないのであります。いわゆる宗派《しゅうは》とか、宗門《しゅうもん》とかいうものに執《とら》われないのであります。一宗一派というと、もう囲《かこ》いをめぐらしているから無礙《むげ》ではありません。そこで生長《せいちょう》の家《いえ》とは何《なに》もないのであります。何《なに》かあったら引《ひっ》かかるが、何《なに》もないから引掛《ひっかか》りようがない、だからこれは無礙《むげ》の大道《たいどう》であります。宗教であるかと思うと必《かなら》ずしも宗教ではない。何《なに》かあったら一切《いっさい》を包む事《こと》は出来《でき》ません。「生長の家は仏教《ぶっきょう》か」という人《ひと》があったら「ハイ、そうのようであります」とお答えします。生長の家は「キリスト教《きょう》か」という人があったら「ハイ、そうのようです」ともお答えします。「それでは矛盾《むじゅん》しているじゃないか」といわれれば「そうのようであります」とお答えします。矛盾《むじゅん》を包容《ほうよう》するものでないと無礙《むげ》の大道《たいどう》ではないのであります。一昨年末《いっさくねんまつ》、生長の家を教化団体《きょうかだんたい》として法人《ほうじん》の申請《しんせい》をしようと思いまして文部省《もんぶしょう》の係《かかり》の人の内意《ないい》を伺《うかが》いますと、生長の家を文部省ではどこの課《か》で取扱《とりあつか》ったらいいのかちょっと見当《けんとう》が附《つ》かない。宗教なら宗教局《しゅうきょうきょく》で

宗門　同じ宗教の中で分かれた各派

包容　包みいれる。寛大に受け容れる

一昨年　昭和十年

法人　自然人以外で法律上の権利や義務の主体とされるもの

文部省　学術・教育・文化・学校などに関する国の行政機関。明治四年設置。平成十三年に科学技術庁と統合され文部科学省となった

内意　内々の意向

宗教局　大正二年より昭和十七年まで置かれた文部省(当時)の内局

取扱《とりあつか》われねばならぬし、教化団体《きょうかだんたい》なら普通学務局《ふつうがくむきょく》で取扱《とりあつか》わねばならない。文部省《もんぶしょう》の見解《けんかい》では、生長《せいちょう》の家《いえ》を何《なん》であるかとハッキリ認《みと》めるだけの認識《にんしき》が出来《でき》ていないから、折角申請書《せっかくしんせいしょ》を出しても何局《なにきょく》へその申請書が廻《まわ》るか、行《ゆ》き場所《ばしょ》が判《わか》らないので、も少《すこ》しはっきりと内容《ないよう》が闡明《せんめい》になってから申請《しんせい》しなければ、折角《せっかく》の申請書も行《ゆ》き場《ば》に困《こま》って戸惑《とまど》うことになるから、しばらく待って欲《ほ》しい、というような話であったのであります。

ともかく、生長の家は正体《しょうたい》がわからないものなのです。何《なに》か一定《いってい》の固定《こてい》したものであったら、それが何《なん》であるかということが判《わか》るのですが、生長の家はこれといって一《ひと》つも固定したものではないのであります。檜町《ひのきちょう》の乃木《のぎ》神社前《じんじゃまえ》の生長《せいちょう》の家本部建物《いえほんぶたてもの》へ道《みち》を聴《き》くためにお集《あつま》りになっている人《ひと》は、毎《まい》日《にち》三、四百人は集《あつま》っておられるのでありますが、その中《なか》の或《あ》る人が或《あ》る日のこと、女の人でありましたが、こういうことをお尋《たず》ねになったことがあります。「私の夫《おっと》は生長の家というものにあまり興味《きょうみ》を有《も》っていません。別《べつ》に生

普通学務局　明治十四年に文部省（当時）内に設置された普通教育に係る事務を扱った局

闡明　はっきりしなかった道理や意義を明らかにすること

乃木神社　陸軍大将乃木希典夫妻を祭神とする神社。大正十二年に現在の港区赤坂の旧乃木邸の隣地に創建

生長の家本部建物　著者の東京移転直後は「お山」と呼ばれた隠田の自宅が本部を兼ねていたが、昭和十年に赤坂檜町の山脇高等女学校旧校舎を光明思想普及会が譲り受け、翌十一年に生長の家本部となった。講堂が研鑽の場の道場として使われた

長の家というものに反対《はんたい》ということもないけれども、それでもあまり私が生長《せいちょう》の家《いえ》へ出掛《でか》けて行《ゆ》くことを喜《よろこ》ばれません。ですから、夫《おっと》が会社《かいしゃ》へ出勤《しゅっきん》せられますと、早速《さっそく》夫から自由《じゆう》に解放《かいほう》されたというような気持《きもち》で道場《どうじょう》へ来て先生《せんせい》のお話を伺《うかが》います。それがいつとなしに又《また》、夫に漏《も》れると夫の機嫌《きげん》が悪いのです。そこで先生どうしたらよろしいでしょう。私は、どうしても生長の家というものは、有難《ありがた》くて離《はな》れられないというような気持《きもち》がするのですが、一体《いったい》どうしたらよろしいでしょうか」といってお訊《き》きになったのでありますす。その時《とき》に私が申上《もうしあ》げました言葉はどうであるかといいますと、「生長の家というのは、この講堂《こうどう》の建物《たてもの》のことをいうのじゃないのですよ。生長の家というのは家族仲《かぞくなか》の好《よ》い家《いえ》ということをいうのですよ。生長の家の聖典《せいてん》『生命《せいめい》の實相《じっそう》』の第《だい》一巻巻頭《かんかんとう》にどう書いてあるかといいますと、『汝《なんじ》ら天地《てんち》一切《いっさい》のものと和解《わかい》せよ』とこう書いてある。その通《とお》り天地一切のものと仲良《なかよ》しになったら、そこがそのまま生長の家なんです。況《いわ》んや夫と仲好《なかよ》しになら

況んや　まして

ねば、いくらあなたが生長《せいちょう》の家《いえ》の雑誌《ざっし》を読んでもあなたのいる処《ところ》は生長の家ということは出来《でき》ない。生長の家というのは、こういう講堂《こうどう》であるとか校《こう》舎《しゃ》であるとかいうような建物《たてもの》の名前《なまえ》ではないのですよ。本当《ほんとう》に大調和《だいちょうわ》な和《わ》解《かい》した仲好《なかよ》しになった人々《ひとびと》の集《あつま》っている家《いえ》ならそこが生長の家ですよ。ですからあなたが自分《じぶん》の家《いえ》にお帰りになって夫《おっと》と本当に仲《なか》が好《よ》くなったらそこが生長の家なのだから、生長の家へ行《ゆ》きたければ自分の家で御主人《ごしゅじん》と仲良《なかよ》くしなさい。それが生長の家へ行《い》ったことになる」こういうように申上《もうしあ》げたのであります。「生長の家」に凝《こ》って家庭《かてい》が破壊《はかい》したなどという人《ひと》がもしあれば、その人は『生命の實相《せいめいのじっそう》』の第《だい》一頁《ページ》だけすら読んで実行《じっこう》しなかった人だといわねばなりません。生長の家というのは建物《たてもの》でもなければ、一個人《こじん》の家《いえ》でもないのであります。無論《むろん》、私の家《いえ》ではありません。生長の家というのは宇《う》宙《ちゅう》の普遍内在《ふへんないざい》の実相《じっそう》である。普遍内在の実相というのは、事物《じぶつ》の内部《ないぶ》に至《いた》る処《ところ》に満《み》ちている本当の相《すがた》の事《こと》であります。宇宙内在の本当の相《すがた》なるものは生々化育《せいせいかいく》そのものであって、無限《むげん》に伸《の》びて行《ゆ》く相《すがた》をしているのであります。これが生長《せいちょう》の家《いえ》というものなのであります。ですから「生長の家」とはここに見よ、彼処《かしこ》に見よといってはないのであります。たとい「生長の家」の誌友名簿《しゆうめいぼ》に登録《とうろく》してありましょうとも、真理《しんり》に随《したが》って生々化育《せいせいかいく》して伸びて行《ゆ》くところの宇宙内在《うちゅうないざい》の相《すがた》があらわれていなければ、その人《ひと》は生長の家の人だとはいえないのであります。だから、吾々《われわれ》は生長の家の道場《どうじょう》へ行《ゆ》きたいと思えばシッカリと脚下《きゃっか》を踏《ふ》み締《し》めて、自分《じぶん》は生長の家の道場にいるかということを照顧《しょうこ》してみる必要《ひつよう》があるのであります。講堂《こうどう》も道場ではありますが、家庭《かてい》は一層《いっそう》「生長の家」の道場であります。如何《いか》にこの自分の家庭に円《えん》満完全《まんかんぜん》なる生長の家を実現《じつげん》するかが、皆《みな》さんに与えられたる公案《こうあん》であります。その公案を説《と》くために助言《じょげん》となり、導《みちび》きとなるのは『生命の實相《せいめいのじっそう》』という本であり、『生長の家』という雑誌《ざっし》でありますが、家庭を如何《いか》にして生長の家（生々化育の家《せいせいかいくのいえ》）たらしめるかという公案を解《と》く事《こと》が面倒《めんどう》くさいという

生々化育　自然が万物を育ててつくりあげていること。著者は本全集第一巻「総説篇」七頁でこの語を「生み生みて生長さす」と註記して「生命顕現の法則」を解説している

たとい　「たとえ」に同じ

脚下　あしもと

照顧　禅宗で、よく反省して考察すること。「脚下照顧」の形で用いられる

公案　禅宗で悟りに導くために与える課題

ので、家庭《かてい》を放擲《ほうてき》して教化部《きょうかぶ》の建物《たてもの》へばかりやって来て「私は生長《せいちょう》の家《いえ》に熱心《ねっしん》なのです」といっても、そういう人《ひと》は生長の家に熱心なのではありません。そういう人は、家庭を生長の家にするのに不熱心《ふねっしん》なのです。家庭が整《ととの》うて社会《しゃかい》が整い、社会が整うて国家《こっか》が整い、国家が整うて宇宙《うちゅう》が整うのであります。整うとは、円満完全《えんまんかんぜん》に一切《いっさい》が諧和《かいわ》し、生々化育《せいせいかいく》の普遍内在《ふへんないざい》の実相《じっそう》が、現実界《げんじつかい》にあらわれて来るということであります。そこで生長の家は、そのように、宇宙の普遍内在の実相であり、一ヵ所の名前《なまえ》ではありませんが、その代《かわ》り、その内在《ないざい》の生々化育《せいせいかいく》の実践《じっせん》が完全《かんぜん》に出来《でき》る人は何宗教《なにしゅうきょう》に属《ぞく》しておられても、又《また》属しておられなくとも、生長の家がそこに顕《あらわ》れたということになります。この真理《しんり》を伝える雑誌《ざっし》に私は最初《さいしょ》『生長の家』という名前《なまえ》を附《つ》けましたが、この真理が弘《ひろ》がるにつれ、その出版又《しゅっぱんまた》は講演説法《こうえんせっぽう》のために講師団《こうしだん》のようなものが要《い》るようになりまして、この講師団に教化団体《きょうかだんたい》「生長の家」と名附《なづ》けることになりました。この団体《だんたい》は、宇宙の真理は生々化育《せいせいかいく》の家《いえ》であ

放擲　なげやりにしてかえりみないこと

教化部　各地の生長の家の布教や研鑽の拠点

諧和　調子のととのった美しい音楽のように、調和すること

るということを人類《じんるい》に弘《ひろ》めて、そうして人類全体《じんるいぜんたい》を光明化《こうみょうか》するための団体《だんたい》でありまして、これは教化用《きょうかよう》の団体の名称《めいしょう》で、宇宙内在《うちゅうないざい》の普遍実相《ふへんじっそう》である生長《せいちょう》の家《いえ》とはおのずから別《べつ》であります。また皆《みな》さんの家庭《かてい》が生々化育《せいせいかいく》の大《だい》調和《ちょうわ》の家《いえ》という意味《いみ》での「生長の家」という場合《ばあい》と、教化団体《きょうかだんたい》の雑誌《ざっし》を読んでいるという意味での『生長の家』誌友《しゆう》という場合とも別であります。

そこで冠詞《かんし》とか形容詞《けいようし》とかを附《つ》けないで、単《たん》に抽象的《ちゅうしょうてき》に生長の家という場合《ばあい》、それはどこにあるかといいますと、宇宙普遍《うちゅうふへん》の原理《げんり》そのものが生長の家でありまして、その原理を教《おし》えられたところの皆《みな》さんのお家《うち》が、本当《ほんとう》にそれを実現《じつげん》されました時《とき》に、あなたの家庭が生長の家となるわけで、それは普《ふ》遍《へん》の原理が具象化《ぐしょうか》したのであり、真理《コトバ》が肉体《にくたい》となったので、そこにあなたの家《いえ》が無限《むげん》に生長し、伸《の》び、繁昌《はんじょう》し、幸福《こうふく》になってくるということになるのであります。その無限に生長し、無限に伸びて行《ゆ》く宇宙の原理を体験《たいけん》するのにはどうしたらいいかといいますと、宇宙の道《みち》に乗れば好《よ》いのであります。

冠詞 ある語句の前に置かれる言葉

抽象的 個々の物事から共通の要素を取り出して一般的な概念をとらえるさま

そうか、そんなら、その宇宙《うちゅう》の道《みち》というものに乗りたいから、その宇宙の道というものを見せて欲《ほ》しいといわれる人《ひと》がありましても、その宇宙の道は「無礙《むげ》の大道《たいどう》」というものであって、形《かたち》がないから見せようがない、どこにも障《さわ》りがないから触《ふ》れてみようがない、これが生々化育《せいせいかいく》の原理《げんり》なのでありま す。「我《われ》」という形がなくなれば衝突《しょうとつ》もない、争《あらそ》いもない。障りもない。障りがないから本当《ほんとう》に吾々《われわれ》が伸《の》び伸《の》びと伸びる、生々化育《せいせいかいく》するのであります。何《なに》かに障りがありますと、吾々《われわれ》は本当に伸びるという事《こと》が出来《でき》ません。無礙《むげ》になった時《とき》にのみ本当に伸び伸びと生長《せいちょう》する事が出来るのです。無礙《むげ》になるとは無我《むが》になることです。我《が》がなくなって何《なん》の引掛《ひっかか》りもないようになる道を教《おし》えるのが生長の家であります。それを御承知願《ごしょうちねが》いまして、それから話を進めて行《ゆ》きたいと思うのであります。

二

今《いま》からちょっと前《まえ》の事《こと》、東京《とうきょう》の五反田《ごたんだ》というところから来られました珍《めず》らしいお名前《なまえ》のお爺《じい》さんがありました。六十幾歳《いくさい》だといわれまして黛《まゆずみ》 権八《ごんぱち》といわれる方《かた》でありましたが、珍《めず》らしいお名前でありますので私は覚《おぼ》えております。そのお爺さんが、或《あ》る日《ひ》のことすっくと道場《どうじょう》で起上《たちあが》られまして、皆《みな》の前《まえ》でこういう話をなさったのであります。「私はまだ生長《せいちょう》の家《いえ》の誌友《しゆう》でなかった頃《ころ》に、誌友《しゆう》でないと道場へ入《はい》れないという事《こと》であったけれども、一《ひと》つ内緒《ないしょ》で道場へ入《い》れてもらおうと思って或《あ》る日《ひ》のこと入《はい》って来た」といわれるのであります。毎朝《まいあさ》私は午前《ごぜん》八時《じ》から十時までお話を道場でしているので、その時間《じかん》に黛《まゆずみ》 権八《ごんぱち》さんは入って来られたのであります。例《れい》のように私は喋《しゃべ》っておったのであります。ところがこの黛《まゆずみ》さん、私の話をお聴《き》きにな

頭注版㊱六四頁

五反田 現在の東京都品川区の地名

りまして、あまり感心《かんしん》せられなかったのであります。何《なに》を私が話しておったかといいますと、黛《まゆずみ》さんのいわれるのには、「先生《せんせい》は『何《なん》にも引掛《ひっかか》らないのが生長《せいちょう》の家《いえ》の生き方である』と話しておられた」といわれました。今日《きょう》と同じように何《なに》にも引掛《ひっかか》らない、何《なに》にも執《とら》われないのが生長の家であると私は例《れい》によって説《と》いておったらしいのであります。この黛《まゆずみ》さんは炭屋《すみや》さんではありますが、今《いま》まで色々《いろいろ》の宗教《しゅうきょう》を渡《わた》り歩《ある》いて来られた方《かた》でありまして、宗教《しゅうきょう》方面《ほうめん》の造詣《ぞうけい》の深い方《かた》なのであります。殊《こと》に禅宗《ぜんしゅう》の方《ほう》は御詳《おくわ》しく坐禅等《ざぜんなど》もおやりになったり、老師《ろうし》に就《つ》いて禅学《ぜんがく》の提唱《ていしょう》などもお聴《き》きになった方《かた》のようであります。その人《ひと》が私の話を聴《き》いて感心されなかったのであります。「ハハア、やはり生長の家も禅宗みたいなことをいうな。何《なん》にも引掛《ひっかか》るなといっている。そういうことなら俺《わし》は前《まえ》から知っているのであって、別段珍《べつだんめずら》らしいこともなければ教《おし》えられる処《ところ》もないのだ。」こうお考えになりまして、私の道場《どうじょう》の講義《こうぎ》が終《おわ》るとサッサとお帰りになろうとしたのであります。しか

炭屋さん　燃料用の木炭を製造販売する商家。わが国では明治時代以降盛んに商いがなされたが高度成長期以降は木炭がほとんど使われなくなった

造詣　その分野についての広い知識や深い理解

禅宗　坐禅によって悟りを開こうとする宗派。達磨を開祖とする。日本へは鎌倉時代に道元、栄西、江戸時代に隠元によって伝えられた

老師　禅宗などで修行者の指導にあたる人物を敬っていう語

提唱　仏教語。禅宗で、宗旨の大綱を説いて示すこと

し、表面《ひょうめん》の心では別《べつ》に新しく得《う》るところはなかったとお考えになりましたけれども、何物《なにもの》か心を惹附《ひきつ》けるところのものがあったのでしょうか、帰《かえ》り際《ぎわ》に『生命《せいめい》の實相《じっそう》』全集《ぜんしゅう》十五巻《かん》を全部《ぜんぶ》取揃《とりそろ》えて買ってお帰りになったのであります。そうしてその最初《さいしょ》の一冊《さつ》を五、六頁《ページ》お読みになりますともう到底巻《とうていかん》を擱《お》くに堪《た》えぬという位《くらい》の感激《かんげき》を覚えられまして、実《じつ》に短時日《たんじじつ》の中《うち》に、何《なん》でも一週間程《しゅうかんほど》の中《うち》に全巻《ぜんかん》十五冊《さつ》を完全《かんぜん》に読破《とくは》されたそうであります。『生命《せいめい》の實相《じっそう》』をこういう感激に満《み》たされてお読みになる方《かた》は時々《ときどき》あるのでありますが、そういう人《ひと》は必《かなら》ず心境一変《しんきょういっぺん》という境地《きょうち》におなりになり、生活《せいかつ》や肉体《にくたい》の上《うえ》にも奇蹟的《きせきてき》な変化《へんか》がありがちなのであります。話を聴《き》いても感心《かんしん》しなかったが『生命《せいめい》の實相《じっそう》』という本の文章《ぶんしょう》になると惹附《ひきつ》けられて心境一変するという方《かた》が多いのは、これは文字《もじ》の芸術《げいじゅつ》であるからであります。黛《まゆずみ》さんの心境が一変致《いた》しますと不思議《ふしぎ》なことに、その時《とき》まで病気《びょうき》になっていた子供《こども》が突《とつ》然治《ぜんなお》ってしまったのであります。何《なん》でも一人《ひとり》は五歳《さい》の子供ともう一人《ひとり》十歳か

全集十五巻 本書執筆当時は黒布表紙版全集は全十五巻までであった。その後全二十巻に増補された

巻を擱くに堪えず 読み始めた本を最後まで一気に読んでしまうさま

ら十一歳位《くらい》の子供《こども》と二人《ふたり》が病気《びょうき》になっておったのでありますが、その中《うち》の一人《ひとり》は水泡性結膜炎《すいほうせいけつまくえん》といって眼科《がんか》の方《ほう》では執拗《しつよう》なちょっと治《なお》りにくい病気だったのです。それが黛《まゆずみ》さん即《すなわ》ち、一家《いっか》の中心《ちゅうしん》である人《ひと》の心境《しんきょう》が一変《いっぺん》しますと消えてしまったのであります。それから「不思議《ふしぎ》なことがあるもんだな」こう思っていました。誰《たれ》に宣伝《せんでん》されたのでもなく、その事《こと》が近所《きんじょ》へ伝わって往《い》ったのであります。或《あ》る日《ひ》隣《となり》の町の人から、「黛権八《まゆずみごんぱち》さんちょっと来《き》て頂《いただ》けませんか」と願《ねが》いに参《まい》りました。というのはそこの主婦《おかみ》さんが何《なに》か病気に罹《かか》っておりまして非常《ひじょう》に苦しい、お腹《なか》が痛《いた》くて仕方《しかた》がない。医者《いしゃ》に注射《ちゅうしゃ》をしてもらって、一日《にち》に十何回《なんかい》かの注射をしてもらったけれども痛みが止《とま》らない。この上《うえ》注射するわけには行《ゆ》かないと医者も申《もう》しますから、あんたはお宅《たく》で病気をよくお治《なお》しになるということを聴《き》きましたが、治《なお》して欲《ほ》しいというようなお願いなのであります。その時《とき》、黛《まゆずみ》さんのいわれるのに、「子供の病気は本を読んだら偶然治《ぐうぜんなお》ったけれども、しかし、そんな他人《たにん》の病気を治《なお》す

水泡性結膜炎　水ぶくれを伴う結膜の炎症。水疱性結膜炎
執拗　しつこいさま

のなんか私に出来《でき》るとは思えない。」こう申《もう》されまして断《ことわ》っておられましたら、その病気《びょうき》の治《なお》った五歳《さい》になる子供《こども》が「谷口先生《たにぐちせんせい》、生命《せいめい》の實相《じっそう》」と教《おし》えもしない字をちゃんと紙に書きまして、「これを読んだらお爺《じい》ちゃん治《なお》るよ」こういって来たというのであります。大変不思議《たいへんふしぎ》なことがあるものだとお考えになりまして、それでは一《ひと》つ往《い》ってあげようと、その黛《まゆずみ》さんが隣《となり》の町までお出《い》でになりました。そうしてその病人《びょうにん》を見ますと病人は蒼《あお》ざめてしまって非常《ひじょう》に苦しんでいる、お腹《なか》が痙攣《けいれん》するように痛《いた》むらしいのであります。いくら注射《ちゅうしゃ》しても痛みが止まらない。もうこの上麻酔剤《うえますいざい》を重ねて注射するわけに行《ゆ》かないので、医者《いしゃ》の方《ほう》でもどうにもする事《こと》が出来《でき》ないという時《とき》なのであります。そこで黛《まゆずみ》さんも仕方《しかた》がない、どうしたら治《なお》るのか自分《じぶん》にもわからないというので『甘露《かんろ》の法雨《ほうう》』を誦《よ》んでおきかせになったのでありま す。それを朗読《ろうどく》すること十分《ぷん》ばかり致《いた》しますと、今《いま》まで苦しんでおったそこの主婦《おかみ》さんがだんだん痛みがとれて来まして、『甘露《かんろ》の法雨《ほうう》』を半分《はんぶん》ばかり誦《よ》まれましたら到頭眠《とうとうねむ》ってしまったというのであります。それから、もう一回誦《かいよ》んでしまってから、いい具合《ぐあい》に寝《ね》ているなと思っていると、誦《よ》み終《おわ》ると又《また》ちょっと眼《め》を開《ひら》きまして、痛《いた》みがとれて「助かりました」といわれるのでありますが、その中又幾分《うちまたいくぶん》か痛んで来たそうでありますが、「まあそれで治《なお》りましょう」と黛《まゆずみ》さんは自宅《じたく》にお帰りになったのであります。そうするとその後《のち》、又《また》もう一度《ど》痛み出したそうでありますが、又黛《またまゆずみ》さんがお出《い》でになって『甘露《かんろ》の法雨《ほうう》』をお誦《よ》みになって、それですっかり治《なお》ってしまったのであります。黛《まゆずみ》さんはそれから、諸方《しょほう》から悩《なや》んでいる人《ひと》が助けて欲しいと頼《たの》んで来られるという由《よし》であります。今も大抵毎日《たいていまいにち》この黛《まゆずみ》さんは生長《せいちょう》の家《いえ》の道《どう》場《じょう》へ来て坐《すわ》っておられるのでありまして、もし皆《みな》さんが道場へお越《こ》しになれば、大抵《たいてい》お目におかかりになることだと存《ぞん》じます。

三

この黛《まゆずみ》さんの例《れい》でも判《わか》りますように、この人《ひと》は最初《さいしょ》、何《なん》の気なしに私の話をお聴《き》きになりまして、「何《なん》にも引掛《ひっかか》らないのが生長《せいちょう》の家《いえ》の生《い》き方《かた》である」こう私が説《と》いておりましたのを、そんなこと位《くらい》は知っているとお考えになっていた。しかし、それまでは本当《ほんとう》に何《なん》にも引っかからない状態《じょうたい》にはなっていられなかったのです。だから二人《ふたり》も子供《こども》が病気《びょうき》をしていたのです。「何《なん》にも引掛《ひっかか》らない」ということは観念《かんねん》ではないのであって、本当に「何《なん》にも引掛《ひっかか》らない」ようになることが必要《ひつよう》であります。家庭《かてい》の中《なか》に病気があるのは、家庭の中《なか》の誰《たれ》かが何《なに》かに引掛《ひっかか》っているからであります。

それでこの引掛《ひっかか》らなくなるということはなかなか難《むつ》かしいのです。悟《さと》れといえば悟りに引掛《ひっかか》る人がある。「もう私は悟っているのです。」こういうふう

頭注版㊱六八頁

に引掛《ひっかか》ってしまいますと、その悟《さと》りが又迷《またまよい》になってしまうのであります。悟りというのはサラサラとしていることで爽《さわや》か、さやけしなど皆語源《みなごげん》が同じでありましてサラサラとして何《なん》にも引掛《ひっかか》らないことを表《あらわ》す言葉であります。無礙《むげ》の大道《たいどう》であり、引掛《ひっかか》らないで、さっぱりしているわけなのです。ところが、さっぱりせよというと、それにでも又引掛《またひっかか》る人《ひと》がある。料理《りょうり》に喩《たと》えてみればさっぱりしなかったからいかぬのだと執《しゅう》すれば油濃《あぶらこ》い料理でも出て来たら油《あぶら》っ濃《こ》い料理が食べられない。こうなりますと、それは「さっぱり」ということばかりを把《つか》まえて、自由自在《じゆうじざい》を失ったということになるのであります。油《あぶら》っ濃《こ》い料理が出ましたら油《あぶら》っ濃《こ》い料理そのものを生かして行《ゆ》くところに本当《ほんとう》に無礙《むげ》の大道《たいどう》というものがあるのであります。さっぱりするということそのことに引掛《ひっかか》りますと、もう油《あぶら》っ濃《こ》いものと調和《ちょうわ》しなくなってしまう。油《あぶら》っ濃《こ》いものと仲《なか》がよくなれなくなるのであります。そうすると『生命《せいめい》の實《じっ》相《そう》』の巻頭《かんとう》にある「汝《なんじ》ら天地一切《てんちいっさい》のものと和解《わかい》せよ」というあの教《おし》え、それ

さやけし　澄みきっている。すがすがしい

に合わないようになって来るのであります。そこで、天地《てんち》一切《いっさい》のものと仲好《なかよ》しになる、一切のものと調和《ちょうわ》して行《ゆ》くのにはどうしたらいいかといいますと、「自分《じぶん》」というもの、「我《が》」というものを把《つか》んでいるといけないのです。「これがさっぱりだ」とさっぱりという一定《いってい》の形《かたち》を把《つか》んでおりますと、「さっぱり」に執着《しゅうじゃく》している結果《けっか》、やはり物《もの》に拘泥《こうでい》して、それ以外《いがい》のものとは仲《なか》が悪くなるのであります。また例《たと》えば、人《ひと》を助けたいと思うことでも、これは大変《たいへん》いい動機《どうき》でありますが、助けなければならないのだ、こういうように自分《じぶん》の我《が》で助けようと頑張《がんば》ることに引掛《ひっかか》ってしまいますと、又《また》そこに「我《が》」が出てまいりまして生活《せいかつ》がサラサラと流れて行《ゆ》かないようになるのであります。人を助けようと思っても、「我《が》」の力《ちから》では一人《ひとり》も助けられるものではありません。神の力で助けさせて頂《いただ》くのです。人の病気《びょうき》でも治《なお》して上《あ》げたいと思っても、「我《が》」で治《なお》して上げたい、この人は大切《たいせつ》な人だからこの人を治《なお》せば大いに宣伝《せんでん》になる——こんな成心《せいしん》では人を助けられるものではあり

拘泥　小さなことにこだわって融通がきかないこと

成心　したごころ

ませんね。本当《ほんとう》に助けられるのは一切《いっさい》の成心《せいしん》を捨《す》てて無我《むが》の愛にならなければならないのであります。そこで吾々《われわれ》がすらすらと生きる為《ため》にはどうしたらいいかと申《もう》しますと、「自分《じぶん》」というものを把《つか》まないということです。我《が》見《けん》で「こうしたい、ああしたい」という――そいつを把《つか》まないようにして行《ゆ》かなければなりません。これが生長《せいちょう》の家《いえ》の生《い》き方《かた》――無礙《むげ》の大道《たいどう》でありますす。自分がああしたい、こうしたいという註文《ちゅうもん》というものがなくなってしまいましたならば、吾々《われわれ》はどこにでも生きる道《みち》を見出《みいだ》す事《こと》が出来《でき》るのでありますす。吾々《われわれ》は生命《せいめい》であって生きているのでありますが、生きているものは必《かなら》ず生きる道がそのままそこにあるわけなのです。そのままそこにの道が無礙《むげ》の大道《たいどう》であり生長の家であります。何《なん》でも与えられたところが一番《いちばん》自分にとってていいものであるという事を知ってそのまま素直《すなお》に受取《うけと》る事が生長の家でであります。例《たと》えば吾々《われわれ》は道に倒《たお》れたというような場合《ばあい》にも、倒れたということと、躓《つまず》いたということを、直《ただち》に人は「あの人は失敗《しっぱい》した」と聯想致《れんそういた》しますけ

我見　自分一人の狭い考え

聯想　ある物事から関連した物事を思い浮かべること。連想

れども、生長《せいちょう》の家《いえ》は無礙《むげ》の大道《たいどう》の生き方ですから失敗《しっぱい》のしようがないのであります。失敗したように見える中《なか》にも本当《ほんとう》に失敗しないところの何《なに》か得《う》るところが必《かなら》ずあるのであります。例えば、人間《にんげん》の倒《たお》れた場合《ばあい》を考えてみましても、吾々《われわれ》は真直《まっすぐ》に歩いて行《ゆ》くということだけを知っておりましたならば、それだけしか吾々《われわれ》は知らないのでありますが、倒れたればこそ倒れた場合に自然《しぜん》と手をついた、こういうふうに身体《からだ》の重みをここへかければ起上《おきあが》ることが出来《でき》るのだということを初《はじ》めて学ぶことが出来るのであります。そこで倒れたということは、倒れない時《とき》には得《え》られないところの一《ひと》つの体験《たいけん》を与えるところの善《よ》き先生《せんせい》だったということになるのであります。そうすると倒れたことは失敗ではない。却《かえ》って新しきことを得《え》た非常《ひじょう》に有難《ありがた》いことなのであります。学校《がっこう》の入学試験《にゅうがくしけん》にすべると直《す》ぐそれで悲観《ひかん》するというふうな人もありますけれども、入学試験に辷《すべ》ったからといって、学校には入学《にゅうがく》出来ないかも知れませんが、人生《じんせい》という大きな学校に入学出来ないということはないのであります。いつでも吾々《われわれ》は人生《じんせい》という学校《がっこう》に入学《にゅうがく》しているのでありま す。官立《かんりつ》の学校へ入学出来《でき》なくても、いつも吾々《われわれ》は、神立《しんりつ》の大きな人生学校《じんせいがっこう》に入《はい》っているのでありますそこでその時《とき》その場《ば》を生かして行《ゆ》くように致《いた》しましたならば、そこに吾々《われわれ》は必《かなら》ず生きる道《みち》があり別《べつ》に得《う》るところがあるのであります。天地一切《てんちいっさい》のものと和解《わかい》せよ、調和《ちょうわ》せよという生長《せいちょう》の家《いえ》の教《おし》えはその場その場にそのまま調和した生《い》き方《かた》をして行《ゆ》きさえすれば、万事《ばんじ》が生きてくる、生かされてくる、生きるほかに道がない、失敗《しっぱい》でさえも生きてくる、これが無礙《むげ》の大道《たいどう》であります。無礙《むげ》というのは、何《なに》も困難《こんなん》がないというのではないのであります。困難があってでも、その困難が邪魔物《じゃまもの》にならずに自分《じぶん》を生かす為《ため》になってくるのであります。石があって躓《つまず》いたらその躓《つまず》いたことが生きてくる。そこで邪魔物《じゃまもの》が却《かえ》って自分を生かすことになってくれるのであります。

官立　国家が設立すること。現在は「国立」と言う

四

かつてこれに似《に》たような話を道場《どうじょう》で私が致《いた》しました翌晩《よくばん》、生長《せいちょう》の家本部《いえほんぶ》で経営《けいえい》しております花嫁学校《はなよめがっこう》、家庭光明寮《かていこうみょうりょう》の生徒さんの座談会《ざだんかい》がありました。この光明寮《こうみょうりょう》は高等女学校卒業生《こうとうじょがっこうそつぎょうせい》ばかり入学《にゅうがく》しておられるのでありますが、一人《ひとり》だけ異《ちが》う人《ひと》が来ておられるのであります。それは或《あ》る県《けん》から来ておられた人でありまして、お名前《なまえ》は申《もう》しませんが、高等女学校三年生《ねんせい》までお出《い》でになったのでありますが、その人がどういう動機《どうき》か知りませんけれども一種《いっしゅ》の強迫観念《きょうはくかんねん》にお罹《かか》りになったのです。公衆恐怖症《こうしゅうきょうふしょう》で学校《がっこう》へ行《い》っても、人の顔《かお》を見る事《こと》が出来《でき》ないで、常《つね》にこう机《つくえ》の前《まえ》へ俯伏《うつぶ》せになってじっとかがみ込《こ》んでばかりおられるのです。先生《せんせい》が問題《もんだい》を出して当てても返事《へんじ》するわけでなし、友達《ともだち》が話《はな》し掛《か》けても、顔を見られるのがいやさに、学校へ行《ゆ》くの

頭注版㊱七二頁

家庭光明寮 昭和十年、「家庭を光明化する婦人」を養成すべく、東京の赤坂にあった生長の家本部内に開設された「花嫁学校」

高等女学校 旧制で女子の中等教育を行った学校。高女

強迫観念 打ち消そうとしても払いのけることができない不安な気持ち

が辛《つら》くなって休んでいる。これではもう前途《ぜんと》お嫁《よめ》に行《ゆ》くわけにも行《ゆ》かぬ、一生涯廃物同様《いっしょうがいはいぶつどうよう》になるしか仕方《しかた》がないと思っていられたのであります。ところが生長《せいちょう》の家《いえ》の話をお聴《き》きになりまして、生長の家へ行《ゆ》けば治《なお》るかも知れぬ、家庭光明寮《かていこうみょうりょう》へ上《あ》げれば治《なお》るかも知れぬ、こうお考えになりまして、お母さんがわざわざそのお嬢《じょう》さんをお伴《つ》れになりまして、入寮《にゅうりょう》させて欲《ほ》しいということをお願《ねが》いになったのであります。そういうふうにいわれますと、まさかお断《ことわ》り申《もう》すわけにも参《まい》りませんし、又人《またひと》を救《すく》うのが目的《もくてき》でもあるのですから、別《べつ》に伝染病《でんせんびょう》というわけでもなし、公衆衛生《こうしゅうえいせい》に悪いというわけでもないのでありますから、それじゃおってごらんなさいということにしてそうして半年《はんとし》一期《き》の間《あいだ》おられたのであります。二、三ヵ月《げつ》する中《うち》にその病気《びょうき》が治《なお》ってしまいまして、一ヵ月程前《げつほどまえ》に御卒業《ごそつぎょう》になったのでありますが、その御卒業になる少し前に、ちょうど土曜日に、先刻《さっき》申しました家庭光明寮の座《ざ》談会《だんかい》があったのでありますが、その座談会の集《あつま》りの時《とき》に、今迄《いままで》恥《はず》かしくて人

廃物　役に立たなくなった人や物

の前《まえ》で物《もの》をいえるどころじゃない、だから始終《しじゅう》俯向《うつむ》いてばかりいて人《ひと》の顔《かお》を見られなかったそのお嬢《じょう》さんが、ちゃんとまともに顔を上《あ》げてそうして大変《たいへん》お喜《よろこ》びになりまして、「昨日道場《さくじつどうじょう》で、谷口先生《たにぐちせんせい》からこういうお話を聴《き》いた、人間《にんげん》というものは失敗《しっぱい》というものはないのだ、躓《つまず》いたと思った時《とき》に却《かえ》って得《う》るところのものがあるのだということを聴きましたが、私も前《まえ》にこういう強迫観念《きょうはくかんねん》の病気《びょうき》に罹《かか》って半年《はんとし》の間学校《あいだがっこう》を中絶《ちゅうぜつ》しておったけれども、その為《ため》に私は生長《せいちょう》の家《いえ》の家庭光明寮《かていこうみょうりょう》へ入《い》れて戴《いただ》いて『生命《せいめい》の実相《じっそう》』の真理《しんり》を知らして戴いた。学校にいただけでは習《なら》えないところの真理を知らして戴くようになったのも、自分《じぶん》がこんな恐怖症《きょうふしょう》のような病気になったからである。人間の幸福《こうふく》というものは躓《つまず》いたと思うときに却《かえ》って得《え》られるものである。自分が躓《つまず》いて病気になったということは決《けっ》してわるいことでなかったのです。大変いいことであったのです。先生有難《せんせいありがと》うございます」こういって涙《なみだ》を流してお喜びになったのであります。これはつい最近《さいきん》あった事実《じじつ》であります。

中絶　一時中断すること

五

この実例《じつれい》でもわかりますように、吾々《われわれ》はどんな時《とき》でも失望《しつぼう》してはいけないのであります。そのままそこが有難《ありがた》いと、その場《ば》その場を生かす生《い》き方《かた》——これが一番大事《ばんだいじ》のことでありまして、常《つね》に「今《いま》」を生きるということが必要《ひつよう》なのであります。生長《せいちょう》の家《いえ》の生き方は「今」を生かす生活《せいかつ》だといわれています。今ここに生命《せいめい》が植附《うえつ》けられている。この地上《ちじょう》に生命《せいめい》が植附《うえつ》けられているという事《こと》は何《なに》か意義《いぎ》のあることでなければならない。この地上のここでなければ果《は》たすことの出来《でき》ない使命《しめい》があるために、今ここに生かされているのだと思って、今あるがままを出来るだけ百パーセント生きるという事、これが大切《たいせつ》です。ひっくりかえって躓《つまず》いておろうと怪我《けが》しておろうとどうしておろうと、その時そのままでなければ得《え》られないところの一番いいものが与

頭注版㊱七五頁

えられているということを知るのが無碍《むげ》の大道《たいどう》を生きることであります。そうすると病気《びょうき》も幸福《こうふく》であるし、災難《さいなん》も幸福である、どんな苦しみも、困難《こんなん》も、皆《みん》なその時《とき》でなければ得《え》られないところのものがその時自分《じぶん》に得《え》られているというのでありますから、そこに一切《いっさい》の呪《のろ》いがなくなる。初《はじ》めて天地一《てんちいっ》切《さい》のものと調和《ちょうわ》するという事《こと》が出来《でき》るのであります。「これは嫌《きら》い」、「あれは嫌い」ということがなくなってしまうのです。これが嫌いであるとかあれが嫌いであるとかいうことがありましたら、天地一切のものと調和《ちょうわ》出来ていない証拠《しょうこ》であります。そのまま、そこの有難《ありがた》いことが判《わか》らないと災難《さいなん》がやって来ると悲しまなければならない。或《あるい》は病気になるとやはり悲しまなければならない。あの人《ひと》は私にこういう仕《し》打《う》ちをしたから憎《にく》いとか怨《うら》めしいとか思ったりして、心が引掛《ひっかか》って苦しまなければならないのです。そこで引掛《ひっかか》らない道《みち》というのは、今《いま》の時今あることが一番《ばん》いいのだと知ることでありまして、それには自分に「註文《ちゅうもん》」というものがあってはいけないのであります。

「註文《ちゅうもん》」を出すと、自分《じぶん》の註文以上《いじょう》のものが出てくると悲しくなる。吾々《われわれ》には常《つね》に自分の註文以上のものが総《すべ》て吾々《われわれ》に与えられているのであります。吾々《われわれ》はこれから起《おこ》って来る一切《いっさい》の事《こと》を悉《ことごと》く予想《よそう》して註文するわけには行《ゆ》かないのであります。註文しないでも註文するよりも余計善《よけいよ》いものを吾々《われわれ》は常に与えられているということを先《ま》ず知るのが、自由《じゆう》を得《う》る智慧《ちえ》であります。そういうふうになりますと、総《すべ》てのもの、美しいものは勿論《もちろん》、醜《みにく》いものでも、人《ひと》が嫌《きら》うようなものでも、いやらしいものでも、みんなそのままで有難《ありがた》いということになることが出来《でき》るのであります。そのままに有難《ありがた》いということになりましたら、不平《ふへい》も、不満足《ふまんぞく》も、腹立《はらだ》ちも何《なに》もなくなってしまいまして、唯々《ただただ》ありがたいばかりである、苦しめられてもそこに本当《ほんとう》に有難《ありがた》いものがあるのだ、こんなにまでして、私を鍛《きた》えて下《くだ》さるのである、ああ有難《ありがた》いと、こう思えることになるのであります。こうして天地一切《てんちいっさい》のものと和解《わかい》し仲好《なかよ》しになったら、本当に感謝《かんしゃ》の念《ねん》が湧《わ》いて来るのです。世間普通《せけんふつう》の人はいいことを与えられた時《とき》には、「こんなにまでして戴《いただ》くのだ、有難《ありがた》い」こう思うのでありますけれども、生長《せいちょう》の家《いえ》の生《い》き方《かた》はいいことでも悪いことでも、「こんなにしてまで吾々《われわれ》に体験《たいけん》を積《つ》ませて戴くのだ、ああ有難《ありがた》い」とこう思わなければならないのです。雨が降《ふ》っても有難《ありがた》いし、天気《てんき》でも有難《ありがた》い。ところが天気なら天気ということばかり把《つか》まえておりましたら、雨が降る時にはうるさい、鬱陶《うっとう》しいというような小言《こごと》が出て来るのであります。ところが又百姓《またひゃくしょう》さんが旱魃《かんばつ》の時に、雨が欲《ほ》しい欲しい、こう思って雨が欲しいということばかり把《つか》まえておりましたら、折角《せっかく》いい天気でみんなが麗《うらら》かな天気だと思って喜《よろこ》んでいる時に自分《じぶん》だけは悲しまなければならないでありましょう。形《かたち》の世界《せかい》では、同時《どうじ》に二《ふた》つのことは出来《でき》ないことが多いのです。雨が降って太陽《たいよう》が美しく輝《かがや》いて道《みち》が乾《かわ》いているということは出来ませんから、人間《にんげん》は何《なん》でもこういう形がほしいと一《ひと》つの形を把《つか》まえたらもう駄目《だめ》です。把《つか》まえたらもう自由《じゆう》ではなくなり苦しくなるのです。何《なに》も把《つか》まないで手放《てばな》しになっ

旱魃　ひでり。長い間雨が降らず、作物の生育に必要な水がかれてしまうこと
麗か　晴れて太陽がのどかに照っているさま

てしまって、引掛《ひっかか》りをみんな外《はず》して行《ゆ》く生活《せいかつ》になります時《とき》、本当《ほんとう》に自由自在《じゆうじざい》な幸福《こうふく》の生活というものを送ることが出来《でき》るのであります。

六

そこで総《すべ》ての引掛《ひっかか》りを外《はず》してしまいましたならば、人間《にんげん》の生命《せいめい》というものはどういうふうになるかといいますと、自然《しぜん》に動き出すというふうになります。生命《せいめい》とは要《よう》するに生きているものであって、生きているということは働《はたら》いているもの、動いているものです。死んだものは動かないのでありまして、生きている限《かぎ》り吾々《われわれ》は動くのであります。それが吾々《われわれ》はこれという註《ちゅう》文《もん》がなかったら呆然《ぼうぜん》としていて働かないようなことになりはしないかと、こういう心配《しんぱい》なさるかも知れませんけれども、決《けっ》してそうではないのであります。これという註文がなかった時に本当に自由に内部《ないぶ》から動き出せるのが生命《せいめい》

頭注版㊱七八頁

なのであります。例《たと》えば吾々《われわれ》は健康《けんこう》であるのに、お前楽《まえらく》させてやるからなるべく凝《じ》っとしておれ、絶対安静《ぜったいあんせい》にしておれ、何《なに》もせぬと凝《じ》っとしておってくれ、こういわれましても、半日《はんにち》、一日もほっておかれましたらもう退屈《たいくつ》になってしまって凝《じ》っとしているわけに行《ゆ》かない、動く方《ほう》が楽《らく》になって来るほかはない。「生命《せいめい》」は動《どう》であるからです。吾々《われわれ》の生命《せいめい》の本当《ほんとう》の相《すがた》というものは「動く」「働《はたら》く」にあるのでありまして、凝《じ》っとしているというふうなところには生命《せいめい》の本当の相《すがた》というものはないのであります。そこで凝《じ》っとするということに執《とら》われてしまいますと生命《せいめい》が動かなくなるし、動くということばかりに執《とら》われてしまいますと又《また》本当にゆるやかなのびのびとした生活《せいかつ》も生きられないということにもなるのであります。そこで吾々《われわれ》はどういう場合《ばあい》にも自分《じぶん》でこうだと決めてしまわないのがいいのであって、これは柔道《じゅうどう》をやるのでもやはり同じことであります。向《む》うが突《つ》いて来たら、突かれながら向《む》うが突いて来る力《ちから》を利用《りよう》して相手《あいて》をこちらへ引張《ひっぱ》り込《こ》む。そうして相手の姿勢《しせい》

絶対安静　病気や怪我の重い人を、寝たままの姿勢で動かさず、外部からの刺激を避けて平静な状態を保たせる治療法

を崩《くず》して投附《なげつ》ける。又向《またむこ》うが引張《ひっぱ》ればその引張《ひっぱ》る力《ちから》に応《おう》じて向《むこ》うへ押して行《ゆ》くと、相手《あいて》の姿勢《しせい》を崩すという事《こと》が出来《でき》る。こういう塩梅式《あんばいしき》に相手に随《したが》って自由自在《じゆうじざい》にならければ吾々《われわれ》は本当《ほんとう》に完全《かんぜん》に生きるというわけに行《ゆ》かないのであります。環境《かんきょう》を征服《せいふく》し、外界《がいかい》を征服するというのはみんなそういうふうな生き方であって、その時《とき》その場《ば》に一番《ばん》いい態度《たいど》を執《と》って行《ゆ》くというのにあるのでありまして、始《はじ》めからこうである、私は必《かなら》ず柔道《じゅうどう》の立会《たちあい》には相手を引張《ひっぱ》り込《こ》んで投げるのだ、こう決めておりましたら、相手がその通《とお》り出て来なかったら面喰《めんくら》ってしまいます。そこでこちらが千変万化《せんぺんばんか》、自由自在の働《はたら》きをしようというには、総《すべ》ての「凝《こ》り」を身体《からだ》からも心からも取去《とりさ》ってしまわなければならないのであります。

塩梅式　具合、ようす

立会　双方から出会って勝負を争うこと

面喰う　突然のことに驚いてまごつく

千変万化　事態、場面、状況などが次々と変化してゆくさま

第四章　廻心《えしん》の原理《げんり》

無限《むげん》を憧憬《あこが》れる心

ありのままを「そのまま素直《すなお》に有《あ》りがたい」心境《しんきょう》になるには人間本来完《にんげんほんらいかん》全清浄《ぜんしょうじょう》、そのままで浄《きよ》まっている、そのままで救《すく》われているということを

頭注版㊱八〇頁

廻心　仏教語。仏の導きによって、よこしまな心を改め仏道に従うこと

頭注版㊱八〇頁

清浄　清らかでけがれのないこと

知らねばなりませぬ。この真理《しんり》ほど人間《にんげん》に生命《せいめい》の解放《かいほう》――すなわちいのちの自由《じゆう》を与えるものはありません。

元来《がんらい》人間は行《ぎょう》をしなければ、水で身体《からだ》を洗わなければ浄《きよ》まらないというふうな窮屈《きゅうくつ》な不完全《ふかんぜん》なものに造《つく》られてはいないのであります。「生長《せいちょう》の家《いえ》」の発見《はっけん》しました縦《たて》を貫《つらぬ》く真理は「人間は神の子である。神性《しんせい》そのものである」という事《こと》であります。元来宗教《しゅうきょう》というものは、人間の命《いのち》の自由というものを本当《ほんとう》に完全《かんぜん》に獲得《かくとく》させるためのものなのは前《まえ》にも申上《もうしあ》げた通《とお》りであります。然《しか》るに肉体《にくたい》が死んでから後《のち》にお経《きょう》を誦《あ》げてもらったり、死んでから浄《じょう》土《ど》へお詣《まい》り出来《でき》るという証明《しょうめい》を他《ひと》の口から教《おし》えてもらって救われたような気持《きもち》になるのが宗教だと思っている人《ひと》がある。しかし命《いのち》の完全な自由というものを得《え》させるのが宗教であります。病気《びょうき》が治《なお》るとか、金《かね》が出来るとか、出《しゅっ》世《せ》が出来るとか、運《うん》が良《よ》くなるとかいうような事は宗教の直接目的《ちょくせつもくてき》とするものではないのであって、命《いのち》の自由を完全に得《え》た結果《けっか》の投影《とうえい》のほんの一部分《ぶぶん》

神性　神の子である本性

投影　ある物事の影響が他の物事に現れること

に過《す》ぎないのであります。

およそ人間《にんげん》はそのいのちの本然《ほんねん》の要求《ようきゅう》として、無限《むげん》の自由《じゆう》を得《え》たい、或《あるい》は無限の能力《のうりょく》を得《え》たい、無限の知識《ちしき》を得《え》たいというように、無限に対《たい》する要求というものが、内《うち》に宿《やど》っているのであります。例《たと》えば金《かね》を儲《もう》けるにしましても、金《かね》を百円儲《もう》けて、それで我慢出来《がまんでき》るかというと出来ないのでありま す。その次には千円欲《ほ》しい。それでは千円儲《もう》けて我慢《がまん》出来るかというと出来ないで、その次は又余計《またよけい》欲しくなる。やがて十万円儲《もう》けると、まだその上《うえ》百万円欲《ほ》しいというふうに無限に欲しくなってくるのであります。金《かね》が自由になると、又他《またほか》の事《こと》が欲しくなるのでありまして、名誉《めいよ》が欲しくなる、権力《けんりょく》が欲しくなる。権力が段々得《だんだんえ》られて来ると、遂《つい》にはナポレオンのように、世《せ》界中《かいじゅう》を支配《しはい》してみたいというふうに無限の欲望《よくぼう》が湧《わ》いて出てくるのでありま す。これが人間の本性《ほんせい》でありまして、人間の内部《ないぶ》には無限に対する憧憬《あこがれ》が包蔵《ほうぞう》されているのであります。ところが物質界《ぶっしつかい》でいくらその無限に対する

百円 現在の約二十万〜三十万円に相当する
千円 現在の約二百万〜三百万円に相当する
十万円 現在の約二億〜三億円に相当する
百万円 現在の約二十億〜三十億円に相当する
ナポレオン Napoleon Bonaparte 一七六九〜一八二一年。フランスの軍人・政治家。フランス第一帝政の皇帝。フランス革命後の混乱を収拾して軍事独裁政権を樹立した。ヨーロッパ大陸の大半を勢力下に置いたが、最終的に失脚した
包蔵 内部に持っていること

憧憬《あこがれ》を次へ次へと満《み》たして行《ゆ》きましても、この五尺《しゃく》の肉体《にくたい》でその無限《むげん》の欲《よく》望《ぼう》、無限の憧憬《あこがれ》を完全《かんぜん》に満たす事《こと》はどうしても出来《でき》ないのであります。そこに人間《にんげん》の悩《なや》みというものが起《おこ》るのであります。

釈迦《しゃか》の四《よっ》つの苦しみ

釈迦《しゃか》が苦しまれた四つの苦しみ——生老病死《しょうろうびょうし》の四つの苦しみというものも、やはり無限の人間の自由《じゆう》に対《たい》する束縛《そくばく》であったわけであります。生苦即《しょうくすなわ》ち生存競争《せいぞんきょうそう》の苦しみ——生きる苦しみというものも、要《よう》するに自由自在《じゆうじざい》に自分《じぶん》のいのちを生きたいけれども思うままに自分が生きれば他《た》のいのちと衝《しょう》突《とつ》する、乃《すなわ》ちそこに自分の内部《ないぶ》から湧《わ》いてくる命《いのち》の自由性《じゆうせい》と、外部《がいぶ》にあるところの他《た》のいのちや境遇上《きょうぐうじょう》の障礙《しょうがい》というものとが互《たがい》に矛盾衝突《むじゅんしょうとつ》する——そこに、いのちの自由性の完全なる発揮《はっき》には自《おのずか》ら限界《げんかい》が生《しょう》ずる。この限界

五尺　一五〇センチメートル余り。一尺は約三〇・三センチメートル

頭注版㊱八二頁

生老病死　仏教語。人間が避けることのできない四つの苦しみ。生きること、老いること、病むこと、死ぬこと

生存競争　生物が生存していくために競争しあうこと

がなかったならば、生きている苦しみはない事《こと》になるのでありますが、なかなかそうはまいりません。又《また》、老苦《ろうく》即《すなわ》ち年が寄《よ》るのを憂《うれ》える苦しみというのも、人間《にんげん》は永遠《えいえん》に生《い》き通《とお》したい、永遠に老衰《ろうすい》しないで衰《おとろ》えないでいつでも無《む》限《げん》の元気《げんき》を持っていたい、これが内部本然《ないぶほんねん》の要求《ようきゅう》でありますが、振返《ふりかえ》って自分《じぶん》の肉体《にくたい》を顧《かえり》みますときは、この肉体はどうしても老《お》いないというわけに行《ゆ》かない。生長《せいちょう》の家《いえ》では老人《ろうじん》で段々若返《だんだんわかがえ》る人《ひと》が往々《おうおう》ありますが、それでも地上《ちじょう》の寿命《じゅみょう》には限《かぎ》りがあって肉体の死期《しき》に一歩《ぽ》一歩近づいて行《ゆ》くのであります。そこに現実《げんじつ》の自分というものと、内部から湧《わ》き出《で》る無限の自由《じゆう》に対《たい》する欲望《よくぼう》との間《あいだ》に矛盾《むじゅん》がありギャップがあり、これが苦しみとなるのであります。次に病苦《びょうく》でありますが、人間はいつも健康《けんこう》でありたいという念願《ねんがん》が誰《たれ》にもあります。ところが大抵《たいてい》の人間は病気《びょうき》になる。生長の家の真理《しんり》を悟《さと》った人は別《べつ》でありますが、それでも死期《しき》が近づいてくると、現界《げんかい》から幽界《ゆうかい》への移行《いこう》のための肉体に変調《ケミカライゼーション》を呈《てい》して、医者《いしゃ》から観《み》れば病気のような顕《あらわ》れ方《かた》を

ギャップ gap　へだたり。食い違い
現界　今住んでいる世界。この世
幽界　この世と霊界との間に位置するとされている世界
ケミカライゼーション chemicalization　本書三四頁「自壊作用」のこと

する。そこに現実《げんじつ》と理想《りそう》とにギャップがある、これが苦しみであります。最《さい》後《ご》に死《し》苦《く》即《すなわ》ち死の苦しみがありますが、実相《じっそう》は無論永遠《むろんえいえん》に生《い》き通《とお》しでありますが、仮相《かそう》である肉体《にくたい》の自分《じぶん》まで、永遠に生《い》き通《とお》したいという欲望《よくぼう》と現実の自分との間《あいだ》にギャップがあります。この永遠に無限《むげん》にいのちの自由《じゆう》を得《え》たいという内部《ないぶ》の憧憬《あこがれ》と現実の自分の間《あいだ》にギャップがある。そのギャップから発《はっ》生《せい》したのがこの生老病死《しょうろうびょうし》の四《よっ》つの悩《なや》みであります。この悩みを完全《かんぜん》に解脱《げだつ》して完全なるいのちの自由を得《え》させるのが、宗教《しゅうきょう》の本当《ほんとう》の目的《もくてき》なのでありますから、金《かね》が儲《もう》かるとか、病気《びょうき》が治《なお》るとかいうような現世利益《げんぜりやく》は、ほんのその利益《りやく》の中《うち》の一《ひと》つとか、半分《はんぶん》とか、或《あるい》は十分の一ぐらいにも当《あた》らないのであります。

仮相　仮に現れている姿

解脱　迷いや苦しみの縛りを解いて、人間本来の神性・仏性を悟ること

四苦解脱《しくげだつ》への熱願《ねつがん》

頭注版㊱八三頁

さて、この吾々《われわれ》の内部《ないぶ》からどういうふうにすれば吾々《われわれ》に内在《ないざい》する無限《むげん》の自《じ》由《ゆう》が、それが単《たん》なる潜在《せんざい》せる可能《かのう》としてではなく、吾々《われわれ》の現実《げんじつ》として現《あらわ》れて来るかという事《こと》がその次に吾々《われわれ》の問題《もんだい》になるのであります。吾々《われわれ》の内部にそれとなく潜《ひそ》んでいるところの「無限の自由」――それは、もし吾々《われわれ》の内《うち》に本《ほん》来《らい》無限の自由というものが潜在していなければそういうふうな無限の自由を得《え》たいというような希望《きぼう》が湧《わ》いて来ないのでありますが――この自分《じぶん》の中《うち》に潜《ひそ》んでいるところの「内在無限《ないざいむげん》の自由」が、唯宿《ただやど》っているだけでは吾々《われわれ》は満《まん》足出来《ぞくでき》ないのであります。そこでその内在する無限の自由を獲得《かくとく》するところの方法《ほうほう》を古来《こらい》から宗 教界《しゅうきょうかい》の先哲聖賢達《せんてつせいけんたち》が色々苦心《いろいろくしん》して発見《はっけん》されたのでありまして、私の考えではその無限の自由を獲得する方法が大体《だいたい》二種《しゅ》あるのであ

潜在　外からは見えないが内にひそんで存在していること

先哲　昔のすぐれた思想家

聖賢　聖人と賢人。徳があり、智にもすぐれた人

ります。

自力《じりき》はついに行詰《ゆきづま》る

その一《ひと》つは「自力」の修行《しゅぎょう》によって、その「内在無限《ないざいむげん》の自由《じゆう》」を現実《げんじつ》にしようとする事《こと》であり、もう一つは「他力《たりき》の信《しん》」に依《よ》って、その「内在無限の自由」を獲得《かくとく》しようという事であります。「自力」によって現実世界《げんじつせかい》に無限の自由を獲得しようという試《こころ》みは、或《あるい》は金儲《かねもう》けしようという企画《きかく》となって現《あらわ》れ、或《あるい》は苦心努力《くしんどりょく》して権力《けんりょく》を得《え》て世界《せかい》を支配《しはい》しようとする野心《やしん》ともなって現《あらわ》れますが、そういう自力の努力では吾々《われわれ》は到底《とうてい》無限の自由を獲得する事が出来《でき》ない事は皆《みな》さんが既《すで》に実証済《じっしょうずみ》であります。「自分《じぶん》の辞書《じしょ》には『不可能《できない》』という文字《もじ》は無《な》い」といったナポレオンでさえも、自力では無限の自由が獲得出来なかった。彼《かれ》はこの世界を或《あ》る程度《ていど》まで征服《せいふく》したのである

頭注版㊱八四頁

自力　自己の修行によって悟りを開くこと

他力　自分の力ではなく、阿弥陀仏の力によって救われること。浄土教・阿弥陀信仰の根本となる教義

が、それだけではどうしてもすべてのものを征服《せいふく》する事《こと》は出来《でき》なかった。すなわち無限《むげん》の自由《じゆう》を獲得《かくとく》する事は結局《けっきょく》出来なかったのであります。そういう自力的征服《じりきてきせいふく》による現実生活《げんじつせいかつ》に於《お》ける「無限の自由」というものは到底実現《とうていじつげん》する事は出来ないことは全《すべ》ての人類《じんるい》の実証済《じっしょうず》みなのであります。かくの如《ごと》くして、自力《じりき》による無限の自由を獲得せんとする努力《どりょく》が、単《たん》に外面的《がいめんてき》な現実《げんじつ》世界《せかい》の征服でなしに内面的《ないめんてき》に自分自身《じぶんじしん》の迷《まよ》いを征服しようというように向《むか》って来たのが、これが宗教的自力《しゅうきょうてきじりき》の行《ぎょう》であります。この方面《ほうめん》の努力に成功《せいこう》した人《ひと》に達磨《だるま》や、弘法《こうぼう》や、道元《どうげん》や、その他《た》多くの聖道門《しょうどうもん》の賢者《けんじゃ》たちがあるのであります。

自力の修行《しゅぎょう》の原理《げんり》はどこにあるかと申《もう》しますと、それは人間《にんげん》の中《なか》には「無限」が宿《やど》っている事が先験的《せんけんてき》（a priori）に、すなわち経験《けいけん》に先立《さきだ》って何《なん》となく自覚《じかく》出来るところから始《はじ》まるのであります。内《うち》に無限のものがあるという何《なん》となき予感《よかん》が、その内《うち》に宿っている無限の自由を掘出《ほりだ》そうという努力

達磨　生年未詳。五二八年歿。禅宗の始祖。六世紀初めにインドから中国に渡り、嵩山少林寺で壁に向かって九年間坐禅したとされる

弘法　空海。宝亀五年～承和二年。平安時代初期の僧。日本に真言密教をもたらした。高野山に金剛峯寺を創建。延喜二十一年、醍醐天皇より弘法大師の謚号（おくりな）を賜った

道元　正治二～建長五年。鎌倉時代初期の禅僧。日本曹洞宗の開祖。主著に『正法眼蔵』がある

聖道門　阿弥陀仏の本願力による他力の浄土門に対し、自らの修行によって煩悩を断じてこの世で悟りを開こうとする考え方を指す

先験的　経験に先立って成立する認識によって

を内《うち》から喚出《よびだ》すことになるのであります。しかし、その無限《むげん》の自由《じゆう》を掘《ほ》り出《だ》す方法《ほうほう》はどうしたらいいかというと、先刻述《さっきの》べましたような天才的《てんさいてき》な賢者《けんじゃ》は別《べつ》として、普通《ふつう》の人《ひと》は現象界《げんしょうかい》を征服《せいふく》しようとして現象界と闘《たたか》えば闘うほど現象界に執《とら》われ、振廻《ふりまわ》されて、自分《じぶん》の心の悩《なや》みというものが却《かえ》って増《ふ》えてくるということになり易《やす》いのであります。

苦《く》の原因《げんいん》の見究《みきわ》め

吾々《われわれ》は病気《びょうき》なら病気を征服しようとして、一所懸命治《いっしょけんめいなお》そうと努力《どりょく》すればするほど余計《よけい》病気になる、或《あるい》は商売《しょうばい》に失敗《しっぱい》して如何《いか》に回復《かいふく》しようと思っても、眼《め》の前《まえ》の現象《げんしょう》に執《とら》われて引摺《ひきず》り廻《まわ》され、追廻《おいまわ》されている限《かぎ》り、やはり吾々《われわれ》の苦しみは却《かえ》って増《ふ》えてくるのであります。では、吾々《われわれ》の内部《ないぶ》に潜《ひそ》んでいるところの無限のいのちの自由を掘《ほ》り出《だ》して、この悩《なや》み苦しみをどうした

頭注版㊱八六頁

一所懸命　物事を命がけですること

らいいかと申《もう》しますと、先《ま》ずこの苦《く》の原因《げんいん》を突止《つきと》めなければならぬ。何故《なぜ》吾々《われわれ》は何事《なにごと》かが起《おこ》るならば苦しむのであろうか、その根本原因《こんぽんげんいん》を突止《つきと》めなければならぬ。その苦《く》の原因はよくよく考えると、現象《げんしょう》に振廻《ふりまわ》されるところの迷《まよい》の心、この心があるので自分《じぶん》でその外部《がいぶ》の現象に執《とら》われてそれに執着《しゅうじゃく》して悩《なや》み苦しむのです。悩み苦しみの因《もと》というものはこの現象に執《とら》われる迷《まよい》、この心が自分を悩み苦しませるのであります。苦《く》の原因が判《わか》って原因を捨《す》てれば苦《く》の結果《けっか》は消えるべきですが、この原因を去るために現象に執《とら》われる心を捨ててしまおうという努力《どりょく》に自分自身《じぶんじしん》の自力《じりき》が向《むか》って来たのが、宗教上《しゅうきょうじょう》の自力門《じりきもん》であって、現実《げんじつ》の自分の現象に対《たい》する欲望《よくぼう》というものを自分の努力によって出来《でき》るだけ抑《おさ》えて行《ゆ》こうというのであります。もし完全《かんぜん》にこの現象に執《とら》われる心を捨てることが出来れば、内部《ないぶ》に先験的《せんけんてき》に潜《ひそ》んでいるところの無限《むげん》の自由《じゆう》というものが自然《しぜん》と外《そと》に顕《あらわ》れて来て、吾々《われわれ》はいのちの本然《ほんねん》の自由を得《う》る——即《すなわ》ち解脱《げだつ》を得《う》るのであります。

自力門　禅宗など自らの修行によって悟りを開こうとする考え方。聖道門

吾々《われわれ》の表面《ひょうめん》に出ているふらふらの迷《まよ》い心《ごころ》の足掻《あが》きというものを皆抑《みなおさ》えてしまい征服《せいふく》してしまったならば、そこに自然《しぜん》に内部《ないぶ》にあるところの、本性《ほんせい》の立派《りっぱ》な無限《むげん》の自由《じゆう》というものが表面《ひょうめん》に出て来るのは、ちょうど内部に水晶《すいしょう》玉《だま》のような立派《りっぱ》なものがあって、そうして表面に泥《どろ》がついたり雲がかかったりしているから、その雲や泥を拭《ぬぐ》い去《さ》ってしまえば、本来《ほんらい》内部に宿《やど》っている玲瓏透徹《れいろうとうてつ》水晶玉のような完全《かんぜん》なものが出てくるのと同じであります。原《げん》理《り》は簡単《かんたん》であり、行事《ぎょうじ》も簡単である。しかしそれを実行《じっこう》してみると、自分《じぶん》の心の垢《あか》を一《ひと》つ一つ征服《せいふく》して行《ゆ》こうとするのは、なかなか難《むつ》かしい克己的《こっきてき》の修《しゅ》行《ぎょう》であり、自分の心の迷いを抑《おさ》え整理《せいり》して行《ゆ》こうという原動力《げんどうりょく》になる「自分の心」も迷いの自分の心であったりしてなかなか難《むつ》かしい修行となりまして、特殊《とくしゅ》の宗教的天才《しゅうきょうてきてんさい》でない限《かぎ》り、なかなか完成《かんせい》し難《がた》いのであります。神《しん》道《とう》でいえば御嶽教《みたけきょう》とか、仏教《ぶっきょう》でいえば禅宗《ぜんしゅう》とか、キリスト教《きょう》の先駆《せんく》であったヨハネなどの修行とかいうのが自力《じりき》の修行であります。

玲瓏　玉などが透き通って、明るく輝いているさま

透徹　澄み切っていること。透き通っていること

克己　自分の邪心や欲望に打ち勝つこと

神道　はるか昔から伝わっている日本民族固有の信仰。「かんながらの道」

御嶽教　教派神道十三派の一つ。木曽の御嶽山を崇拝し、禊祓の神道行法を修する。おんたけきょう

ヨハネ　洗礼のヨハネ。『新約聖書』に登場する預言者。イエス・キリストの出現を預言し、ヨルダン河畔でイエスに洗礼を授けた。本全集第四十九・五十巻「宗教戯曲篇」上・中巻「耶蘇伝」参照

苦行《くぎょう》は悟道《さとり》の因《いん》に非《あら》ず

釈迦《しゃか》も、キリストもそうでありますが、私もまた自力《じりき》の修行《しゅぎょう》をした時代《じだい》があります。私が或《あ》る時代に百日《にち》の水行《すいぎょう》をしたとか断食《だんじき》をしたとかいうのはそれであります。吾々《われわれ》は飯《めし》を食《く》わなければ生きられない、飯《めし》を食う為《ため》には人《ひと》と争わなければならない、或《あるい》は人と争わないでも食べられるにしましても少《すく》なくとも黴菌《ばいきん》と争わなければならない。飯《めし》を食うには火をもって爨《かし》がなければ食べられないのですから、その火を用いる為《ため》に多くの微生物《びせいぶつ》を殺さねばならないという事《こと》になる。そこに色々《いろいろ》の殺生《せっしょう》が伴《ともな》うので、御飯《ごはん》を食べるということもこれは自分《じぶん》の本当《ほんとう》の完全《かんぜん》な働《はたら》きではない、何《なに》かを殺して争っている姿《すがた》である、そんなに他《た》を殺さなければ生きられないというようでは本当の生《い》き方《かた》ではない、何《なん》とかそんなに他《た》を冒《おか》さないで生きられる本当の生命《せいめい》という

頭注版㊱八七頁

水行 水を浴びて身を浄める苦行

爨ぐ 飯をたく

殺生 生き物を殺すこと

ものが内部《ないぶ》のどこかにあるであろう、それを何《なん》とか見出《みいだ》したいというので、水行《すいぎょう》をしたり、断食《だんじき》をしたりしてみたのであります。そうして水行をしたり、飯《めし》を食わずにいたりすると、内《うち》から無限《むげん》の自由《じゆう》が出て来たかと言いますと、別《べつ》に無限の自由も出て来ないし、罪《つみ》の浄《きよ》まった感《かん》じもしないのであります。ただ飯《めし》を食わずにいると苦しいばかりである。自由どころか食わねば死にそうになって来るのですから飯《めし》を食わずにいるわけにもいかないし、飯《めし》も食わずにおったら他《ほか》の生物《いきもの》を殺さずに済《す》むかも知れないけれども、自分という生物《いきもの》を殺さなければならないという事《こと》になりますと、これでは他《た》の生物《いきもの》には深切《しんせつ》であるけれども、自分自身《じぶんじしん》には深切でないという事になるのでありま す。ところがやはり自分自身も一個《こ》の生物《いきもの》であれば、他《た》の生物《いきもの》も可哀想《かわいそう》なら自分自身も平等《びょうどう》に可哀想《かわいそう》だという事になる。黴菌《ばいきん》を殺さざらんと欲《ほっ》すれば自分《じぶん》を殺さねばならない。右するも左するも殺生《せっしょう》の罪《つみ》を犯《おか》す事になる。これでは自分自身の生存《せいぞん》というものは、何《なに》か悪い事をしないで生きる事が出来《でき》ないものだというような切羽詰《せっぱつま》った苦しみに苛《さいな》まれた。この自分《じぶん》の苦しみから想像《そうぞう》しますと、お釈迦《しゃか》さんが苦しまれたところの生老病死《しょうろうびょうし》の苦しみの第《だい》一の苦しみである生苦《しょうく》というのはこんなものかと思われるのでありますが、大抵《たいてい》多くの宗 教《しゅうきょう》の祖師《そし》達《たち》はそういうふうな苦しみを経《へ》て来られたのであります。しかしながら、かくの如《ごと》く外《そと》の修行《しゅぎょう》をすることによって自分の煩悩《ぼんのう》を抑《おさ》え抑《おさ》え致《いた》しましても、吾々《われわれ》は結局《けっきょく》他《た》を犯《おか》さなければ生きられないという事《こと》になり、他《た》を犯して生きるという以上《いじょう》はそこに不完全《ふかんぜん》な姿《すがた》があるのですから、特殊《とくしゅ》の天才《てんさい》でない限《かぎ》りは、こんな方法《ほうほう》によっては自己内在《じこないざい》の無限《むげん》の完《かん》全《ぜん》さを発現《はつげん》する事は出来《でき》ない。しかし人間《にんげん》が無限の完全さを発現させたいという内《うち》からの念願《ねんがん》のある限《かぎ》りに於《おい》ては、何《なに》か他《ほか》のもっといい方法《ほうほう》を考えなければならないというので、ついに他力門《たりきもん》が出て来たのであります。

祖師　仏教で一つの宗派を開いた人

他力門　阿弥陀仏が立てた衆生を救う本願の力によって救われると説く教え。浄土宗や浄土真宗など

他力《たりき》の救《すく》い

そこで、もしここに無限《むげん》の完全《かんぜん》な生命《せいめい》の自由《じゆう》の本体《ほんたい》というものがあり、それに繋《つな》がりさえしたならば、ちょうど発電所《はつでんしょ》へ線《ワイヤ》をつなぎさえすれば発電所で出るだけの電力《でんりょく》は自分《じぶん》のものになるように、その無限の救済《きゅうさい》の力《ちから》が流れ込んで来て、自己《じこ》のいのちの無限の自由が得《え》られるとしましたならば、こんな結構《けっこう》なことはないのであります。この無限に完全な救済《すくい》の本体がどこかにあるに違《ちが》いない。その無限は、それが無限である以上《いじょう》、到《いた》る処《ところ》にあるべきであるから、その普遍的《ふへんてき》な不思議《ふしぎ》な力に頼《たよ》りたいというのが、他力《たりき》の信心《しんじん》であります。その無限の普遍的救済力《どこにもあるすくいのちから》と自分とが一《ひと》つに繋《つな》がりあった時《とき》に、その無限の自由なものと手を繋《つな》いだという一つの簡単《かんたん》な働《はたら》きによって、自己《じこ》内在《ないざい》の無限の自由が発現《はつげん》する。ちょうど捲線《コイル》に電流《でんりゅう》を通《つう》じただけで、その

頭注版㊱八九頁

ワイヤ　wire　電線

コイル　coil　銅線をらせん状に巻いたもの

中《なか》の鉄《てつ》が本来《ほんらい》の磁石《じしゃく》のようになる――ならせようというのが、他力《たりき》の信心《しんじん》であります。

救《すく》いの妨害《ぼうがい》となる絶縁体《ぜつえんたい》としての罪《つみ》の意識《いしき》

ところが、この無限《むげん》の自由《じゆう》の本体《ほんたい》と吾々《われわれ》が手を繋《つな》ごうと思いましても、どうも、この手が繋《つな》げないような気がするのであります。というのは吾々《われわれ》の罪の意識というものが邪魔《じゃま》をするのです。電気《でんき》でも絶縁体があると、どんな大発電所《だいはつでんしょ》の電気でも通《つう》じない。それと同じように、無限の完全《かんぜん》などこにも欠けたところのないような、そんな神様《かみさま》というか、阿弥陀如来《あみだにょらい》というか、大日《だいにち》如来《にょらい》というか、何《なん》といって好《よ》いか知りませんけれども、その無限に完全な救済《すくい》の本源《ほんげん》というものと自分《じぶん》とが手を繋《つな》いだら無限の完全と溶《と》け込《こ》むのだから、手を繋《つな》ぎたい――そう思いましても、さて手を繋《つな》げるかどうかという事《こと》

頭注版㊱九〇頁

絶縁体　電気や熱を通さない物体

阿弥陀如来　阿弥陀仏ともいう。浄土信仰の中心的仏であり、生きとし生ける者を救済するための本願を立て、長い間の修行の末に仏となった

大日如来　真言密教の本尊。光明があまねく照らし、すべての物事の根元とされる仏。毘盧遮那仏

が問題《もんだい》になるのであります。こんな自分《じぶん》の醜《みにく》い、こんなに生《い》き物《もの》を殺さなければ生きられないような自分、ちょっとしたことでも、腹《はら》を立てたり、癇《かん》癪《しゃく》を起《おこ》したり、悲しくなったり、あいつやっつけてやりたいと考えたりするような、こんな醜い自分が、その無限《むげん》の完全《かんぜん》なものと手を繋《つな》ぐ事《こと》が出来《でき》るかどうか判《わか》らないという不安《ふあん》が吾々《われわれ》の心のどこかに潜《ひそ》んでいて、その救《すく》いの太《おお》源《みなもと》と手を完全に繋《つな》ぐことを遠慮《えんりょ》させることになるのであります。つまりこの「罪《つみ》の意識《いしき》」が救いの絶縁体《ぜつえんたい》になるのであります。

贖《あがな》いの意義《いぎ》

そこに贖《あがな》いという問題《もんだい》が出てくるのであります。人間《にんげん》ではこの罪の意識をどうする事も出来ない。高潔《こうけつ》な人格《じんかく》の人《ひと》ほど罪の意識が強いのでありま す。罪の意識が強いほど人間は救われない感《かん》じがするのです。今迄《いままで》人を殺し

癇癪　少しのことで激しく怒り出すこと

太源（たいげん）　おおもと。すべての根源

頭注版㊱九一頁

贖い　犯した罪や過ちのつぐないをすること

高潔　けだかくてけがれのないこと

たり、人《ひと》は殺さないけれども、色々《いろいろ》の生物《いきもの》を殺したり、黴菌《ばいきん》もたくさん食べて殺しているに違《ちが》いない、こういうふうな悪い自分《じぶん》が、その罪亡《つみほろ》ぼしをする為《ため》に、その贖《あがな》いとして苦しんだ。ただ三週間飯《しゅうかんめし》を食《く》わずにいるからとか、或《あるい》は百日《にち》の間《あいだ》水行《すいぎょう》をするとか、そんな事《こと》でこの罪が帳消《ちょうけ》しになるなどと考えることは虫の好《よ》いことである。またたとい、それが帳消しになったとしても、帳消しになった翌日《よくじつ》からやはり飯《めし》を食わなければならないし、火も焚《た》かなければならないし、黴菌《ばいきん》も殺さなければ生きられない。断食《だんじき》や水行で罪を償《つぐな》ったその翌日からやはり罪を重《かさ》ねているから、無限《むげん》の完全《かんぜん》な自由《じゆう》な本体《ほんたい》とどうしても手を繋《つな》ぐ事が出来《でき》ないような気持《きもち》が起《おこ》ってくるわけであります。そうすると人間《にんげん》は自分の力《ちから》で贖《あがな》いをして、今迄《いままで》の一切《いっさい》の罪を消して無限の完全なものと手を繋《つな》ごうと思ってもなかなか手が繋《つな》げない——そこで吾々《われわれ》は悩《なや》み苦しむのであります。その時《とき》「お前達自身《まえたちじしん》ではどうしてもその罪の償《つぐな》いというものが出来ないんだから、私が代《かわ》って償《つぐな》いをしてやろう」という、

帳消し それ以前の行動や感情、状況などの価値が、差し引いて残りがなくなり消滅すること

誰《たれ》か途方《とほう》もない偉《えら》い存在《かた》が出て来て、「お前達《まえたち》一切《いっさい》衆生《しゅじょう》の罪《つみ》は総《すべ》て私が引受《ひきう》けて浄化《じょうか》してしまってやる」という、超威神力《ちょういじんりき》の方《かた》が出て来なければ、人類《じんるい》は無限《むげん》の自由完全《じゆうかんぜん》な本体《ほんたい》と手を繋《つな》ぐわけにいかないのであります。ところがそういう超威神力《ちょういじんりき》の方《かた》が出て来た。それがキリスト教《きょう》ではイエス・キリストであるのであります。仏教《ぶっきょう》では法蔵菩薩《ほうぞうぼさつ》であるのであります。キリストは全人類《ぜんじんるい》の罪の身代《みがわ》りにならんが為《ため》に磔刑《はりつけ》に掛《かか》られた。法蔵菩薩《ほうぞうぼさつ》は五劫《ごこう》の長い間《あいだ》苦心思案《くしんしあん》して、兆載永劫《ちょうさいえいごう》に亙《わた》って修行《しゅぎょう》して、そうして一切《いっさい》の人間《にんげん》よ私に頼《たの》んだらもう救《すく》われないという事《こと》は一《ひと》つもない。もし救われないという事があったら私は仏《ほとけ》にならないと、こういう念願《ねんがん》を立てて修行した挙句《あげく》、とうとう私にさえ繋《つな》がったら今迄《いままで》の罪は皆《みな》消えて救われるという事が決定《けってい》したので初《はじ》めて仏《ほとけ》になってしまわれたというのです。キリストに結ばれ、仏につながりさえしたら、総《すべ》ての今迄《いままで》の罪、これから先《さき》の一切の罪も、時間空間《じかんくうかん》を超越《ちょうえつ》して一切の罪が皆《みな》消えてしまう事を約束《やくそく》して、そこで十字架《じゅうじか》に掛《かか》り、或《あるい》は成《じょう》

威神力　仏教語。偉大で神々しい、最もすぐれた不思議な力

法蔵菩薩　阿弥陀如来の修行時代の名

五劫　きわめて長い時間。阿彌陀仏が法蔵菩薩の時に自らの誓いについて思惟した長い時間

兆載永劫　きわめて長い時間。「ちょうさいようこう」とも読む

仏《ぶつ》してしまわれて、無限《むげん》の罪《つみ》の身代《みがわ》りというものが完成《かんせい》したのであります。この無限の罪の身代《みがわ》りという、罪の濾過装置《ろかそうち》——阿弥陀如来《あみだにょらい》であるとか、キリストの十字架《じゅうじか》という濾過装置を通《とお》った時《とき》、一切《いっさい》の吾々《われわれ》の罪がその濾過装置によって、本来《ほんらい》の清らかな清浄心《しょうじょうしん》になって、宇宙《うちゅう》の清らかな水と同化《どうか》する事《こと》が出来《でき》る、それが要《よう》するに他力《たりき》の救《すく》いという事になるのであります。

以上《いじょうの》述べましたように、そういうふうにして自力《じりき》の救いと他力《たりき》の救いとは起《おこ》って来たのでありますが、自力門《じりきもん》はなかなか困難《こんなん》であるというのは自分自《じぶんじ》身《しん》が罪の濾過装置《ろかそうち》になろうというわけで、自分自身が悪い考えを一切絶滅《ぜつめつ》せしめ、自分自身が色々《いろいろ》の欲望《よくぼう》を制《せい》し、人《ひと》には迷惑《めいわく》をかけないように喜《よろこ》びばかりを与えるように色々工夫《くふう》して、坐禅《ざぜん》を組んだり、精神《せいしん》を統一《とういつ》したりするのですから特殊《とくしゅ》の天才《てんさい》でないと及《およ》ばないのであります。面壁九年《めんぺきくねん》と称《しょう》せられる達磨大師《だるまたいし》はそういうふうな修行《しゅぎょう》をなさったのかと思います。又釈迦《またしゃか》にしても、やはり最初《さいしょ》は自力《じりき》の修行であそこまでやって行《ゆ》かれたのであります。

濾過装置　水などをこして不純物を取り除く装置

同化　同じように一体のものにすること

面壁九年　達磨大師が嵩山少林寺で壁に向かって九年間坐禅を組んで悟りを開いたという故事

釈迦《しゃか》の伝記《でんき》を読んでみますと、『過去現在因果経《かこげんざいいんがきょう》』とか、『仏所行讃《ぶっしょぎょうさん》』とか、『本生経《ほんしょうきょう》』などという経典《きょうてん》がありますが、それを見ますと、色々《いろいろ》自力《じりき》で行《ぎょう》を積《つ》んで行《い》って一切《いっさい》の自分《じぶん》の欲望《よくぼう》というものをすっかり捨《す》てて浄《きよ》めた挙句《あげく》の果《はて》に、とうとう釈迦牟尼仏《しゃかむにぶつ》として悟《さと》りを開《ひら》いたという事《こと》になっております。お釈迦《しゃか》さん自身《じしん》は最初《さいしょ》は自力《じりき》の行者《ぎょうじゃ》であって、修行の挙句《あげく》、悟りを開いて、そうして悟りはこういうものだという事を最後《さいご》にお示しになって、お前《まえ》達《たち》は私がこういう具合《ぐあい》に苦行《くぎょう》して到頭《とうとう》悟りに到《いた》る道《みち》を見つけたから、そんなに自力行《じりきぎょう》をしないでも直《す》ぐ結果《けっか》を頼《たの》みさえしたらいい、私は救《すく》いに到《いた》る自動車《じどうしゃ》を苦心して発明《はつめい》したけれども、お前達はこれから救いの自動車を苦心して製造《せいぞう》する事は考えないでも好《よ》い、わしの考案《こうあん》した救いの自動車に唯楽《ただらく》に乗っておれ、もう既《すで》に救われた完成《かんせい》の乗物《のりもの》がここに出来《でき》ている、それに乗れ、とこういうわけであります。

『過去現在因果経』 釈迦の伝記を記した経典。表題は、過去に蒔いた「因」が現在の「果」となって顕れるという意による。我が国最古の説話集『今昔物語集』第一巻の仏法説話はこの経典に基づくとされる

『仏所行讃』 馬鳴の著作とされる仏教叙事詩。釈迦の生涯に題材をとった二十八編の韻文。ブッダチャリタとも言う

『本生経』 釈迦が前世で菩薩であった時の多くの善行を説いた経典

挙句の果 最後の最後には。とうとう

釈迦牟尼仏 釈迦のこと。「牟尼仏」は尊称

行者 宗教上の修行者

自他《じた》を超《こ》えた絶対力《ぜったいりき》

ところで、この生長《せいちょう》の家《いえ》は自力《じりき》か他力《たりき》かと申《もう》しますと、自力では無論《むろん》ない、また他力《たりき》でないところもあるのであります。生長の家は絶対力《ぜったいりき》といいますか、絶対門《ぜったいもん》といいますか、この世界《せかい》はただ仏一元《ほとけいちげん》、神一元《かみいちげん》というのでありますから自他を絶《ぜっ》した絶対的《ぜったいてき》の救《すく》いなのであります。いわゆる他力《たりき》の救いは、罪《つみ》を存在《そんざい》すると認《みと》めて、しかる後《のち》に他力《たりき》の無限自由《むげんじゆう》と手を繋《つな》ぐ方法《ほうほう》を教《おし》えてもらい「罪の贖《あがな》い」という濾過装置《ろかそうち》によって、自分《じぶん》が清《きよ》らかな水道《すいどう》の水になって宇宙《うちゅう》の清らかな生命《せいめい》の水と一《ひと》つになるのでしたが、生長の家では「人間《にんげん》神の子、仏《ほとけ》の子」という純粋真理《じゅんすいしんり》の透明《とうめい》な水それだけを持って来て、「どうぞこれを飲んで下《くだ》さい。これが生命《せいめい》の水でございます」というのであります。「あなた方《がた》は人間の生命《せいめい》の水を濁《にご》った水だと思っていられます

頭注版㊱九四頁

しかる後に　そうしてから後に

けれども、そうじゃないですよ」こう生長《せいちょう》の家《いえ》はいうのであります。今迄生《いままでせい》命《めい》の水は汚《よご》れていると思った、汚《よご》れているから濾過装置《ろかそうち》が要《い》ったり色々苦心《いろいろくしん》したのであります。ところが皆《みな》さん、この水が濁《にご》っているように思うけれども濁ってはいないのですよ、濁りは埃《ほこり》が勝手《かって》に濁っている、水そのものはH_2Oの化合物《かごうぶつ》で、始《はじめ》から清らかな純粋透明《じゅんすいとうめい》の水なのであります。透明《すきとお》っていないのは埃《ほこり》が透明《すきとお》っていないのです。水は始《はじ》めから透明《すきとお》っているのです。濾過装置《ろかそうち》も何《なに》もかけないでも、水は始めから純粋な透明《とうめい》な水である事《こと》が判《わか》り、あなた自身《じしん》が純粋の水である事を本当《ほんとう》に悟《さと》ったら、濁ったままであなたは始めから透明《すきとお》っているのです。始めから濁りがないのです——という事を私は発見《はっけん》したのであります。濁っているのは埃自身《ほこりじしん》であって、水自身でないように、穢《けが》れているのは罪自身《つみじしん》が穢《けが》れているので、人間自身《にんげんじしん》は始めから清浄《しょうじょう》のものであるという事が判《わか》れば、濾過装置《ろかそうち》も何《なに》も苦心《くしん》なしに始めから吾々《われわれ》は透明《とうめい》な水であり、清浄《しょうじょう》な人間であるという事が分《わか》って、苦行も何《なに》も要《い》らない。そのままで仏《ほとけ》であり、そのままで無限《むげん》の清《きよ》らかさのものであるという事《こと》が分《わか》るのであります。ここに完全《かんぜん》に、人間《にんげん》と罪《つみ》との分離《ぶんり》が行《おこな》われるのです。今迄《いままで》は「罪」＋《プラス》「仏性《ぶっしょう》」＝《イコール》人間であると思っていたところが「罪」＝《イコール》零《ゼロ》であると判明《はんめい》したから、人間は光明一元《こうみょういちげん》のものになってしまったのです。吾々《われわれ》は今まで生物《いきもの》を殺さなければ生きられないと思った。ところがそんな事はないのだ。生物《いきもの》は殺したように見えるけれども、未《いま》だかつて吾々《われわれ》は生《い》き物《もの》を一匹《ぴき》も殺した事がなかった、永遠《えいえん》に生《い》き通《とお》している生命《せいめい》であって、自分《じぶん》も他人《たにん》も黴菌《ばいきん》もすべて、生命《せいめい》の本体《ほんたい》は永遠に生通《いきとお》しの久遠《くおん》の昔《むかし》から生《い》き通《とお》している、物質《ぶっしつ》なる肉体《にくたい》に現《あらわ》れている生命《せいめい》は、本当《ほんとう》の生命《せいめい》の影《かげ》に過《す》ぎない、影は消えるように見えても消えてはいないし、影は争《あらそ》うように見えても争ってはいないのです。存在《そんざい》の実相《ほんとのすがた》は大調和《だいちょうわ》のものだと判《わか》ったのであります。罪悪《ざいあく》と見えているものは、ちょうど透明《すきとお》った水の中《なか》に埃《ほこり》があって、その埃《ほこり》と水が混合《こんごう》して濁《にご》ったように見えているので、濁ったようなもの、そんなものはただの埃《ほこり》であって自分《じぶん》ではなかった。自分というものは始《はじ》めから無限《むげん》の清《きよ》らかな水、始めから清らかな蒸溜水《じょうりゅうすい》である。この玲瓏珠《れいろうたま》の如《ごと》き立派《りっぱ》なものが本当《ほんとう》の人間《にんげん》である。ですから生《い》き物《もの》を殺すように見えているけれどもそんな生きものを殺して生きているようなのは本当の自分ではない。毎日《まいにち》たとい癇癪《かんしゃく》を起《おこ》しているように見えるけれども、癇癪《かんしゃく》を起《おこ》しているような自分は本来《ほんらい》なかったのだ、このように見えているのは自分の虚妄《うそ》の姿《すがた》であって因縁和合《いんねんわごう》してそんな姿に見えるだけだ、ちょうどそれは本当の水と埃《ほこり》とが相和合《あいわごう》して濁《にご》った水のように見えているが、それは本当の水の相《すがた》ではない、濁ったままでも水そのものは始めから一度《ど》も濁ったことがなかったように、人間《にんげん》も未《いま》だかつて一度も罪《つみ》を犯《おか》したことも穢《けが》れたこともないのだとそれを悟《さと》った時《とき》に、吾々《われわれ》は濁った罪の中《なか》にいながらでも本当に清らかな自分というものを自覚《じかく》する事《こと》が出来《でき》るのです。そうしますと、吾々《われわれ》の心が本当に落着《おちつ》いて大安心《だいあんじん》を得《う》る。心が明鏡止水《めいきょうしすい》のように落着《おちつ》けば、濁った水も自然《しぜん》

蒸溜水　水を加熱蒸発させた水蒸気を冷却して得られる純粋な水

因縁　物事が生ずる「因」とそれを助ける「縁」とがつながることで結果が生ずること。前世から定まった運命をいうこともある

和合　二つ以上のものが結び合うこと

大安心　仏教語。仏の教えを学んで得た心の安らぎ

明鏡止水　前漢時代の哲学書『淮南子』「俶真訓」にある言葉。澄みきった静かな心境

と濁《にご》りが沈澱《ちんでん》して清《きよ》らかな透明《とうめい》な水になるように、人間《にんげん》も自然《しぜん》に罪《つみ》を犯《おか》すことが少《すく》なくなってくるのであります。

水は始《はじ》めから清まっている

しかしながら水は清まらなくても清まっても、やはり始めから清まっていることを知ることが肝腎《かんじん》であります。水が本来《ほんらい》清くないものならば、埃《ほこり》が下へ沈《しず》んでしまった後《のち》も、水は濁っていなければなりません。埃《ほこり》が沈んで水が清らかになり得《う》るのは、ただ水が始めから清らかであることによってのみであります。濁っているのは埃《ほこり》が濁っているので水が濁っているのではない。ここが肝腎《かんじん》ですから、諄《くど》いようでありますが申上《もうしあ》げるのであります。大抵《たいてい》の人《ひと》は生命《せいめい》の水が濁っていると思うのですけれども、生命《せいめい》の水は未《いま》だかつて濁った事《こと》がない、ただ埃《ほこり》のみが濁っていて、それが因縁和合《いんねんわごう》して、濁ったよう

頭注版㊱九七頁

に見えているのであります。

先日《せんじつ》『涅槃経《ねはんぎょう》』を読んでおりましたら面白《おもしろ》い譬《たとえ》があったのであります。或《あ》る処《ところ》に王様《おうさま》があった、或《あ》る日《ひ》どこからともなく大変良《たいへんよ》い音楽《おんがく》の音《ね》が聞《きこ》えて来るのであります。あまり良い音《ね》であるので、王様は、その良き音楽の響《ひびき》はどこから来るのかといわれた。家来《けらい》が「それは楽器《がっき》を弾《ひ》いているのです。その楽器から良い音《ね》が流れ出るのです」と申上《もうしあ》げた。すると、王様は「その音《ね》を持って来い」といわれた。それで家来が王様のところへその楽器を持って行《い》ったら、「どこにその良い音《ね》があるのであるか、ここに音《ね》があるのであるか、こちらに音《ね》があるのであるか」とその絃《いと》をひきむしって、胴《どう》を打《う》ち砕《くだ》いてその楽器のどこにその良い音《ね》があるかと捜《さが》し廻《まわ》ったが、どこにも音《ね》がないので、王様は大変怒《たいへんいか》って、「どこからも音楽が出て来《こ》んじゃないか。貴様《きさま》らは嘘《うそ》ついた」とその家来を厳罰《げんばつ》に処《しょ》したという話がありました。そういうふうにその音《ね》というものはどこにあるかと楽器を破《わ》ってみても分《わか》らない。音《ね》と

『涅槃経』『大般涅槃経』の略。釈尊の亡くなる直前の説法を記した経典

いうのは、生命《せいめい》の響《ひびき》に譬《たと》えたのでありますが、生命《せいめい》の響《ひびき》というものはこの楽《がっ》器《き》の中《なか》にはないのであって、楽器の弾手《ひきて》の心にあるのです。この肉体《にくたい》というものはこの楽器と同じもので、ここに生命《せいめい》があるのかと一々解剖《いちいちかいぼう》して調べてみたところがない。要《よう》するに肉体というものは、自分《じぶん》の生命《せいめい》――生命《せいめい》の流《ながれ》の本体《ほんたい》ではないのであって、――生命《せいめい》の流《ながれ》がそれに触《ふ》れて響《ひびき》を立てるために創《そう》造《ぞう》した一《ひと》つの楽器に過《す》ぎないのであります。そして、自分の生命《せいめい》の本当《ほんとう》の流《ながれ》というものは無形《むけい》の存在《そんざい》である。全然《ぜんぜん》無形ではないのですが、五官《ごかん》に触《ふ》れるものを有形《ゆうけい》であるとする意味《いみ》から観《み》ると無形の存在であって、久遠《くおん》の昔《むかし》から無限《むげん》に完全《かんぜん》に生《い》き通《とお》している生命《せいめい》の無形の流《ながれ》がその楽器にひっかかって、そういう音《ね》を立てているのであります。だから自分の生命《せいめい》はこの肉体に今《いま》動いている生命《せいめい》ではないのであります。この肉体に今動いている生命《せいめい》は、自分の本当の生命《せいめい》が楽器の絃《いと》に触れて反射的《はんしゃてき》に鳴り出している響《ひびき》に過《す》ぎないのです。この生命《せいめい》は飯《めし》を食わなければ生きられないではないかと理窟《りくつ》をいう人《ひと》がありますが、この「生命《せいめい》」というものは、決《けっ》してこの動いている肉体《にくたい》が生命《せいめい》ではないのであります。生命《せいめい》がこの肉体という楽器《がっき》に響《ひびき》を立てているところの一《ひと》つの複製《ふくせい》の音《ね》が肉体の生命現象《せいめいげんしょう》である――そうです、肉体生命《にくたいせいめい》は現象《げんしょう》であって生命《せいめい》そのものではない、生命《せいめい》そのものは実在《じつざい》でありますが、生命《せいめい》現象《げんしょう》は因縁和合《いんねんわごう》して出来《でき》たものでありますから、因縁《いんねん》の解体《かいたい》と共《とも》にこの肉体も解体するのは当然《とうぜん》であります。肉体は解体しても人間《にんげん》は滅《ほろ》びないのであります。透明《とうめい》で眼《め》に見えない水と埃《ほこり》という縁《えん》と相和合《あいわごう》して濁《にご》り水《みず》になったように人間も本来清《ほんらいきよ》らかないのちが仮《か》りに肉体という姿《すがた》をあらわしているのでありますが、姿をあらわしても現《あらわ》さなくとも、人間が清らかなること、その生《い》き通《とお》しであること空中《くうちゅう》に眼《め》に見えずに存在《そんざい》する水蒸気《すいじょうき》のようなものであります。水は常《つね》に、永劫《えいごう》に久遠《くおん》に澄《す》んでおるのでありますのに、濁っておれば、水が濁っているように思い、「人間」は久遠《くおん》に健康《けんこう》でありますのに、肉体が健康でないと「人間」が健康でないとか考えると間違《まちが》いであります。濁

永劫　限りなく長い年月

った中《なか》に於《お》いても水それ自身《じしん》は澄《す》んでいるように、罪《つみ》の汚濁《おじょく》の中《なか》にいようとも、病気《びょうき》の中《なか》にいようとも、未《いま》だかつて汚《けが》れず、未《いま》だかつて病気に罹《かか》ったことがないのが人間《にんげん》なのであります。それが解《わか》った時《とき》に吾々《われわれ》は濁《にご》りに捉《とら》われて、自己暗示《じこあんじ》で自分《じぶん》の自由《じゆう》を縛《しば》っていたその縛りが自然《しぜん》に解《と》け、いのちの本《ほん》当《とう》の無限《むげん》の自由《じゆう》を得《う》るのです。いのちの本当の無限の自由を得《え》た時、その濁りが自然《しぜん》に澄むのでありまして、現象的《げんしょうてき》に澄《す》み切《き》るのはその後《のち》でありますとところがまだこの水は澄まぬ澄まぬ、何《なん》とかして澄ませようと、揺《ゆ》すぶったり掻《か》き廻《まわ》したりしておったらいつ迄《まで》も濁りが澄むわけはないのでありますですから現象的に濁りの現象《げんしょう》を見ても、自分の本物《ほんもの》は蒸溜水《じょうりゅうすい》であって汚《きたな》い濁ったものではないという事《こと》を知る事が必要《ひつよう》であります。

汚濁　よごれてにごること

現象を否定《ひてい》して、現象の中《なか》にある実相《じっそう》を悟《さと》れ

頭注版㊱一〇〇頁

この間《あいだ》、横浜《よこはま》からIさんという奥《おく》さんがやって来られて、色々《いろいろ》話をなさいましたが、その中《なか》にこういう話がありました。「私は一所懸命《いっしょけんめい》、誠《まこと》をもって人《ひと》に尽《つく》しているけれども、それでも時々《ときどき》人から疑《うたが》われる。良《よ》い気持《きもち》で人に深切《しんせつ》する心算《つもり》でやっている事《こと》でもそれをアベコベにとられて誤解《ごかい》を受けるというふうな事が時々《ときどき》あります。こういうふうなのはやはり自分《じぶん》の心にどこかに悪い所《ところ》があるからそういうふうになるんじゃないか」と大変真面目《たいへんまじめ》な、深い反省心《はんせいしん》を有《も》ったお話をなさったのであります。私も色々お話ししましたが、その中《なか》にこういう話を致《いた》しました。この現象世界《げんしょうせかい》というものは、要《よう》するに月が水に映《うつ》っているようなものである。波《なみ》がないような時《とき》でも、絶対《ぜったい》波がないということはない、するとそこに月の砕《くだ》けた姿《すがた》が映《うつ》るように現象世界に於《お》ては一《ひと》つといえども完全《かんぜん》なものというものは本当《ほんとう》はない。吾々《われわれ》はこのことを前提《ぜんてい》に置かなければならない。というのはこの吾々《われわれ》の現象肉体《げんしょうにくたい》で地上《ちじょう》に生《うま》れて来た事——その事自体《ことじたい》が既《すで》に完全でないということであります。それはどういう意味《いみ》であるかと申《もう》しますと、この世《よ》に生《うま》れるということは時間空間《じかんくうかん》に制約《せいやく》されて現《あらわ》れているのでありますから、時間空間に制約されているというその事《こと》が、既《すで》に制約されない無限《むげん》の自由《じゆう》から見ると不完全《ふかんぜん》なのであります。従《したが》って地上《ちじょう》に出て来ているような人間《にんげん》はどんなに悟《さと》りを開《ひら》いたように見えていても、やはり本当《ほんとう》はこの地上の雰囲気《ふんいき》、地上の人間達《にんげんたち》と同じような念《ねん》波《ぱ》をもって出てくるのであります。時《とき》には「天上《てんじょう》」に生《うま》れていた人《ひと》が人類《じんるい》を救済《きゅうさい》する為《ため》に釈迦牟尼仏《しゃかむにぶつ》のように或《あるい》はイエス・キリストのように地上に御降誕《ごこうたん》になってくる事がありますけれども、その場合《ばあい》にも時間空間の制約の中《なか》に身《み》を局《ちぢ》めて出現《しゅつげん》するのでありますから、それだけ自分《じぶん》の能力《のうりょく》が低くなって降《お》りて来なければ仕方《しかた》がないのであります。ですから、この地上にいるものは皆《みな》不完全な姿《すがた》であります。既《すで》に吾々《われわれ》が五尺《しゃく》の身体《からだ》を持っているという事は不完全だという意味《いみ》であります。五尺の身体《からだ》は一丈《じょう》もある人から見れば甚《はなは》だ足りない、無限の天地《てんち》から競《くら》べれば益々《ますます》非常《ひじょう》に小さいのであります。

念波　人が放つ思いや感情が起こす波動
天上　天の世界

一丈　尺貫法の長さの単位。約三・〇三メートル。一〇尺
甚だ　非常に。とても

肉体《にくたい》は人間《にんげん》そのものではなく、人間の鳴《な》らす楽器《がっき》なのですから、肉体の不完《ふかん》全《ぜん》を競《くら》べるに当《あた》らないのであります。三十三相《そう》の良好相《りょうこうそう》を備《そな》えていた釈迦《しゃか》牟尼仏《むにぶつ》といえども不完全であるのであります。それはどんな偉《えら》い仏様《ほとけさま》が出《しゅっ》現《げん》しても、出現する以上《いじょう》は時間空間《じかんくうかん》の制約《せいやく》の中《なか》に現《あらわ》れるのですから、その不完全さは已《や》むを得《え》ないのであります。小さくなって現《あらわ》れて来た場合《ばあい》には小さいだけの制限《せいげん》を受けるのであります。大きい物《もの》は大きいだけの制限を受けるのであります。私が小さい時《とき》こういう噺《はなし》を聞いた事《こと》があります。実際《じっさい》の話かどうかは知りませんが、私は神戸《こうべ》の生《うま》れですが、今《いま》は神戸の湊川新開地《みなとがわしんかいち》は活動写真館《かつどうしゃしんかん》が一《いっ》ぱい並《なら》んでいる、あそこが古戦場《こせんじょう》の湊川《みなとがわ》で雨が降《ふ》った時にのみ出水《しゅっすい》して、後《あと》は水がないのでした。土橋《どばし》が三《みっ》つばかりかかっていたのであります。その下の土橋《どばし》に夜《よ》な夜《よ》な狸《たぬき》が出現《しゅつげん》して往来《おうらい》の人《ひと》に目玉《めだま》をむいて見せて怖《こわ》がらせて喜《よろこ》んでいたのであります。そうすると或《あ》る時按摩《あんま》さんがピーと笛《ふえ》を鳴らしてやって来た。すると狸《たぬき》があの按摩《あんま》さんを瞞《だま》してやれと

良好相　良いすがたかたち

湊川新開地　新開地は現在の神戸市兵庫区南部の地名。明治三十四年に治水のため新湊川を開削して埋め立てられた旧湊川の下流域。歓楽街として発展した。本全集第三十一巻「自伝篇」上巻一一一頁参照

活動写真館　映画館の旧称

往来　行ったり来たりすること。また、道路

按摩さん　身体をもみほぐして血行を良くする療法を行う人。もしくは盲人。按摩師に盲人が多かったことによる

思って、非常《ひじょう》に怖《おそろ》しい目玉《めだま》をむいて、「これでもか」とやった。そうしますと按摩《あんま》は目が見えないから、「はアどなたですか」という。狸《たぬき》は「これでもか」と目をむく。「はア、どなたですか」と平気《へいき》でいる。狸《たぬき》はこの按摩《あんま》さんなかなか強情《ごうじょう》だと思っていよいよ大きく目をむいて「これでもか、これでもか」といっているうちに、あまり目玉をむきすぎて、目玉が飛出《とびだ》して死んでしまったというのです。これは恐《おそ》るべき物《もの》は本来無《ほんらいな》いので、恐るべきものに平気で膨張《ぼうちょう》させておいたら、それが自壊《じかい》して消滅《しょうめつ》するという譬《たと》え話《ばなし》でありましょう。そこで狸《たぬき》の遺族《いぞく》がこんどは目玉をむくことをやめて、大入《おおにゅう》道《どう》になって瞞《だま》してやれというので、毎晩大入道《まいばんおおにゅうどう》になって往来《おうらい》の人《ひと》を悩《なや》ましたのであります。すると或《あ》る夜一人《よひとり》の坊《ぼう》さんが通《とお》った。そして狸《たぬき》が大入道《おおにゅうどう》になるのを見て、「あんた立派《りっぱ》な大きなものになったネ、しかし大きくしかなれないのかね。小さくはようならんのか」というと、「小さくもなれる」といって小さくなったのです。「いやまだまだそんなのじゃ駄目《だめ》だ。この手《ての》

大入道　昔から各地に伝わる、坊主頭の妖怪

よう　下に打消の語を伴って、とても…できない

掌《ひら》に載《の》るような豆粒《まめつぶ》ぐらいにはようならんのか」というと、とうとうその通《とお》りになって、坊《ぼう》さんの掌《てのひら》に載《の》ったのであります。坊さんはそいつをぱっと口の中《なか》に放《ほう》り込《こ》んでボリボリ噛《か》んで食べてしまった。これは本当《ほんとう》の話とお伽《とぎ》噺《ばなし》とが半《なか》ば混淆《こんこう》しているのでありましょうが、狸《たぬき》もそういうふうに大きくなれば大きい力《ちから》が出るし小さくなれば小さい力しか出ない。仏様《ほとけさま》も同じことで、時間空間《じかんくうかん》に制約《せいやく》された現象世界《げんしょうせかい》へ現《あらわ》れると、現象《げんしょう》だけの力しか出ないのであります。現象界《げんしょうかい》というのは要《よう》するに心の波《なみ》に映《うつ》っているところの世《せ》界《かい》ですから、心の波に映っている限《かぎ》りに於《お》いて、やはりそこにはお月様《つきさま》そのままのように円満完全《えんまんかんぜん》な姿《すがた》はどこにもないのでありまして、どんな偉《えら》い悟《さと》りを開《ひら》いた人《ひと》でもやはりどこかに皮膚《ひふ》にしみがあるとか、皺《しわ》がよっているとか、それは完全《かんぜん》な無限《むげん》の健康《けんこう》さと競《くら》べてみるとやはり不完全《ふかんぜん》なところがあります。その現象の不完全な姿を見て、「こいつは悟りを開いておらない」と、そう思う事《こと》が却《かえ》って悟りを開いていないのであります。現象界の有《あ》りとしあ

混淆　異なるものが入り交じること

らゆるものは総《すべ》て無常《むじょう》であり、完全《かんぜん》なものは無《な》いのが当《あた》り前《まえ》であると悟《さと》るのが、悟りの半面《はんめん》であって、その無常な現象《げんしょう》は本来無《ほんらいな》いのであって、生《い》き通《とお》しの完全な実相《じっそう》の自分《じぶん》は、水面《すいめん》の月の如何《いかん》に拘《かかわ》らず、永久《えいきゅう》にマン丸《まる》い完全なものであると悟るのが、悟りのもう一《ひと》つの半面なのであります。では水に映《うつ》っている月、肉体《にくたい》に現《あらわ》れている人間《にんげん》には、何等本当《なんらほんとう》の姿《すがた》はないのかと申《もう》しますと、水に映って砕《くだ》けているところの波《なみ》の一つの砕け、お月様の一つのかけらの光《ひかり》、その光の中《なか》にも本当のお月様の光が宿《やど》っているのであります。松《まつ》の葉末《はずえ》に露《つゆ》が一滴《てき》宿って、そこにお月様の光が宿っている、これもやはりお月様の光が宿っているので、お月様が本来なければ、この一滴の露に光が輝《かがや》かないのであります。ここにもお月様の光があるのであります。砕ける一滴の雫《しずく》の中《なか》に砕けない光があるということを悟るのが悟りであります。まんまるく円満《えんまん》でなければお月様が宿っていないと軽蔑《けいべつ》するのは間違《まちが》いでありまして、その砕けたお月様のその一片《ぺん》のかけらの中《なか》にも、満月《まんげつ》が宿っているから

無常　常に変化し、一定の姿かたちがないこと

こそ光っているのであります。物質《ぶっしつ》の空《くう》を知り、現象《げんしょう》が影《かげ》に過《す》ぎないことを知りながら、その現象の一滴《てき》の雫《しずく》の中《なか》に実相《じっそう》の光《ひかり》を見出《みいだ》して拝《おが》めるようになるのが悟《さと》りであります。水が綺麗《きれい》に澄《す》んで、本当《ほんとう》にマン丸《まる》いお月様が見えないとお月様がないと思うようでは、吾々《われわれ》はいつまで経《た》ってもお月様を発見《はっけん》する事《こと》が出来《でき》ないのであります。それと同じく吾々《われわれ》は病気《びょうき》が治《なお》らなければ人間《にんげん》は神の子でないとか、悟っていないとか、そんな事を考える限《かぎ》りに於《お》て人間は自己《じこ》に宿る本来《ほんらい》の神性《しんせい》を悟ることが出来ないのであります。病気の中《なか》にも本当の健康《けんこう》な生命《せいめい》がある。死ぬ瞬間《しゅんかん》にもそこに生《い》き通《とお》しの生命《せいめい》がある。どこにも皆生《みない》き通《とお》しの生命《せいめい》がある事を知るのが本当の悟りであります。これが先刻申《さっきもう》しました、濁《にご》った水の中《なか》にも濁らない清水《しみず》があるという事でありま す。よくよく見ると毎日《まいにち》毎日死んで交替《こうたい》している吾々《われわれ》の細胞《さいぼう》の中《なか》にその死んでいる中《なか》に生《い》き通《とお》しているものがある事を見出《みいだ》すのが悟りであります。かく「死」の中《なか》にも永遠《えいえん》に生きるものを本当に把《つか》み、濁っている中《なか》に濁らない清《きよ》らかなものを発見《はっけん》し、罪《つみ》の中《なか》に罪にならない本当《ほんとう》の自分《じぶん》というものを発見する――これが生長《せいちょう》の家《いえ》の悟《さと》りであります。この根本悟《こんぽんさと》りが得《え》られて心が乱《みだ》れなければ、現象界《げんしょうかい》は心の展開《てんかい》として完全《かんぜん》になるのでありますが、それは副作用《ふくさよう》であって、まず病気《びょうき》を治《なお》したい、水を澄《す》ませたい、お月様の姿《すがた》をいつもまんまるくしておきたいというのは、本末《ほんまつ》を顚倒《てんとう》しているのであります。先《ま》ず永遠《えいえん》の生命《せいめい》が自分である事《こと》を悟り、それを悟って吾々《われわれ》の生命《せいめい》は物質《ぶっしつ》ではない、肉体《にくたい》ではないと、物質と肉体とを超越《ちょうえつ》したときに永遠の生命《せいめい》の自《じ》由《ゆう》、無限《むげん》の完全さ、そして吾々《われわれ》の内《うち》から要求《ようきゅう》するところの無限自由《むげんじゆう》の憧憬《あこがれ》というものがそこに初《はじ》めて満足《まんぞく》されるのであります。

本末を顚倒　大事なことと、どうでもよいこととを取り違えること。本末顚倒

第五章　腹《はら》の立たなくなる法《ほう》

頭注版㊱一〇七頁

A――腹を立てれば自分《じぶん》も不快《ふかい》であり、癇癪《かんしゃく》を起《おこ》すと身体《からだ》にもよくないということもよく知っているのですが、私はまだ時々《ときどき》腹が立つことがあるのです。

谷口《たにぐち》――腹が立つのは大抵《たいてい》その人《ひと》が善人《ぜんにん》であるからなんです。自分が善人だから高い理想《りそう》をもっている。そしてその自分の理想を標準《ひょうじゅん》として他《ひと》を判断《はんだん》しようとする。ところがその相手《あいて》が自分《じぶん》の標準《ひょうじゅん》に合わないと腹《はら》が立って来る。予想《よそう》がはずれると、この人《ひと》は自分の予想を裏切《うらぎ》ったと思って腹が立って来る。けれども、人というものは自分の標準に合うようにばかりは出来《でき》てない。皆《みん》な色々《いろいろ》の考え方があり、色々の役目《やくめ》がある。神さまは人間《にんげん》を一色《ひといろ》にはつくっていられない。人間は顔《かお》のちがうように心も異《ちが》っている。心が異《ちが》っていると共《とも》に行《おこな》いにあらわれるのにも色々ちがった顕《あらわ》れようがある。こうして、色々あるべき人間を、自分がこうあるべきだと考え、ただ一《ひと》つの標準に嵌《は》めて見ようとする。そして、それに嵌《は》まらないと腹が立つ。あの人は自分の思った通《とお》りの人でなかったとか、自分の予想を裏切ったと思って腹が立つ。しかし、それはあらかじめ人間を自分の尺度《しゃくど》に当《あ》て嵌《は》めて見ようと思ったことが本当《ほんとう》でなかったのです。あなたが腹がお立ちになるのはこういう場《ば》合《あい》だと思いますが。

A――あとで直《す》ぐ、そこの道理《どうり》は解《わか》ってこれはしまったことをした、罪《つみ》を造《つく》

尺度　ものさし。物事を評価する基準

道理　物事の正しいすじみち。ことわり

ったと思うのですがその腹《はら》の立っているときはそれが判《わか》らないのでございます。一分間《ぷんかん》もすると、もう腹を立てて自分《じぶん》は悪いことをしたという気になるのでございますが。

谷口《たにぐち》——その腹を立てて悪いことをした、と自分で自分を批評《ひひょう》することが出《で》来《き》るのはAさんが偉《えら》いからです。一時《いちじ》は怒《おこ》っても直《じ》きに自分の本心に立ち帰って来る。この自分の本心が直《す》ぐに帰って来る人《ひと》は偉い人なんです。偉くない人は罪《つみ》を造《つく》ってもそれが罪だとわからない。本物の自分をニセ物の自分で包《つつ》み隠《かく》していてもそのニセ物《もの》をいつまでも本物の自分だと思っている。人間《にんげん》は腹が立っている最中《さいちゅう》は、このニセ物の自分が心の中《なか》に一杯《いっぱい》にのさばっているのです。だから自分が悪いということが判《わか》らない。けれどもしばらくたつと本物の自分が雲の隙間《すきま》から太陽《たいよう》の光《ひかり》が射《さ》すように出てくる。「オヤオヤこれは詰《つま》らないことをした」と自分を自分で省《かえり》みて思う。腹を立てていた時《とき》の自分よりも一層《いっそう》偉い自分が出て来て、腹を立てていた時の自分を批評して

「これは悪いな」「これは失敗《しくじ》っている」とわかる。この時《とき》は本物の自分の光《ひかり》がハッキリ出て来ているから、ニセ物《もの》の姿《すがた》がハッキリ照《て》らし出されてわかるのです。この本物の自分が常に出ている人《ひと》は神人です。本物の自分とは「神」だからです。その人は人間《にんげん》であって神なんです。けれども時々《ときどき》本物の自分が隠《かく》れるようなことがあっても、すぐ本物《ほんもの》の自分《じぶん》が出て来て、思い直すことが出来《でき》る人はやはり偉《えら》い人なんです。今迄《いままで》ニセ物の自分で考えていた考えを、本物の自分で思《おも》い直《なお》して、ニセ物の自分を抑《おさ》え抑《おさ》えして、本物の自分を出すように出すようにする。これが人間の一生《いっしょう》の修行《しゅぎょう》で、人間が、神である自分の本性《ほんしょう》をみがき出す修行なんです。

このニセ物の自分とは一体何《いったいなん》であるかと申《もう》しますと捉《とら》われた自分、どこかに凝りのある自分なんです。吾々《われわれ》の本物——は神であって自由自在《じゆうじざい》な、どこにも捉《とら》われない、どこにも凝滞《こり》のないのが本来《ほんらい》の相《すがた》である。この本来の相《すがた》が好《よ》い具合《ぐあい》に自由自在な生《うま》れつきの働《はたら》きを顕《あら》わさないでひとつの何《なに》かに引っかかっている――これが「ニセ物《もの》の自分《じぶん》」なんです。吾々《われわれ》の本性《ほんしょう》は自由自在《じゆうじざい》でどこにも引っかかりようがないのが本来《ほんらい》の相《すがた》だのにどこかに引っかかっている。だからニセ物なんです。この「引っかかる」ことを「執着《しゅうじゃく》」とか「我執《がしゅう》」とか「煩悩《ぼんのう》」とか「迷《まよ》い」とかいうのです。心が好《よ》い具合《ぐあい》に本来の面目通《めんぼくどお》りに自由自在に働《はたら》かないで、自分の考え、自分の標《ひょう》準《じゅん》、自分の尺度《しゃくど》にばかり引っかかっている。ほかに色々《いろいろ》の考え方もあり、色々の標準もあり、色々の立場もあり、色々の尺度もあるのに、自分の考え方ばかりに引っかかっているから他《ひと》のすることが間違《まちが》ったように見えて腹《はら》が立って来るのです。吾々《われわれ》の血液《けつえき》でも全身《ぜんしん》に自由《じゆう》に淀《よど》みなくスラスラと循環《じゅんかん》していたら身体《からだ》の調子《ちょうし》もよく、どこも病気《びょうき》にはならないのだけれども、それが一ヵ所《しょ》にばかり凝《こ》ると、身体《からだ》の調子が悪くなって病気になる、心でもその通《とお》りで、一《ひと》つの判断《はんだん》に凝《こ》り固《かた》まりすぎると、心の自由を失って心が病気になる、腹が立つというのは、謂《い》わばこの心の病気なのであります。

何《なん》でも一《ひと》つの判断《はんだん》に凝《こ》り固《かた》まり過《す》ぎて、これは是非《ぜひ》こうでなければならぬと思い込んでいると、観世音菩薩《かんぜおんぼさつ》に対《たい》してでも腹《はら》を立てなくてはならないような事《こと》さえ起《おこ》って来ます。観世音菩薩《かんぜおんぼさつ》は大慈大悲《だいじだいひ》の仏《ほとけ》さまであるから、必《かなら》ずやどんなに情《なさ》け深《ぶか》いお顔《かお》をしていられるであろうと信じている人《ひと》が、或《あ》る日《ひ》観世音菩薩《かんぜおんぼさつ》に出会ったとしますと、その時《とき》ちょうど観世音菩薩《かんぜおんぼさつ》は夜叉《やしゃ》のような顔をしていられた。これは自分《じぶん》が予想《よそう》したのと異《ちが》う。今迄《いままで》自分は観世音菩薩《かんぜおんぼさつ》さまは慈悲《じひ》の仏《ほとけ》さまだと聞かされていたのは実《じつ》は瞞《だま》されていたのだと思って観世音菩薩《かんぜおんぼさつ》に腹を立てる――これは腹を立てた方《ほう》が大間違《おおまちが》いなのであります。観世音菩薩《かんぜおんぼさつ》は本来慈悲《ほんらいじひ》の仏《ほとけ》さまであるけれども、必要《ひつよう》に応《おう》じて三十三相《そう》をあらわし、相手《あいて》を助けるために三十三身《しん》に姿《すがた》を変《へん》ぜられる。そのことに気がつかないで、自分は観世音菩薩《かんぜおんぼさつ》にだまされていた、慈悲《じひ》の権化《ごんげ》であるべき観世音菩薩《かんぜおんぼさつ》ともあろうものが夜叉《やしゃ》の形相《ぎょうそう》をあらわしていたと思うのは間違《まちが》いなのであります。

観世音菩薩　最もひろく崇拝されている菩薩。大慈大悲に富み、三十三の姿に変じて人間の一切の悩み苦しみを除くとされる

大慈大悲　一切衆生に楽を与えて苦を取り除く広大無辺な慈悲。観世音菩薩そのものを指すこともある

夜叉　古代インド神話に登場する鬼神。顔かたちが恐ろしく、人を害するなど性質が荒いが、仏教に取り入れられてからは北方を守護する鬼神となった

慈悲　仏教における四無量心「慈悲喜捨」のうちの二つ。いつくしんで楽を与え、あわれんで苦を除くこと

権化　仏や菩薩が衆生救済のため、仮に姿を変えてこの世に現れること

形相　顔つき。表情

善人《ぜんにん》でも善《ぜん》にあまり凝《こ》りすぎるとそこから悪《あく》の芽《め》が吹《ふ》いて来るのです。人間《にんげん》は隣人《ひと》に深切《しんせつ》にしなければならない。愛深くならなければならない。これは本当《ほんとう》にそうです、人間は神の子であり神は愛でありますから、吾々《われわれ》は愛深くならなければならないのは当然《とうぜん》の事《こと》であります。しかしその愛のあらわれ方《かた》というものは千差万別《せんさばんべつ》であって人各々《ひとおのおの》によって一様《いちよう》になれないのです。それを愛のあらわれ方は是非一様《ぜひいちよう》でなければならない、人《ひと》もまた自分《じぶん》と同じ愛のあらわし方《かた》をしなければならないと、一《ひと》つの遣《や》り方《かた》ばかりに凝《こ》ってしまうとそこに神の子としての自由自在《じゆうじざい》さが無《な》くなってしまうのです。人間の本《ほん》性《しょう》、神の子たる「真如《しんにょ》」はもっと「自由自在な智慧《ちえ》」をもっているべきものなのです。一つの自分の見解《けんかい》に凝《こ》ってしまったら、この自由自在な智慧《ちえ》が無《な》くなってしまうのです。人は神の子であるから、愛であると共《とも》に智慧《ちえ》が自由自在でなければならないのに、愛の深い人はあまりその愛に凝《こ》ってしまうために、自由自在な般若《はんにゃ》の智慧《ちえ》が一時曇《いちじくも》ってしまう。愛に智慧《ちえ》が曇ってしまっ

真如　永遠に変わらない絶対の真理。本全集第五十二巻「随喜篇」上巻第三章「真如を生きる」等参照

般若の智慧　真理を悟る智慧

たら、その愛は顛倒《てんどう》したものとなってしまう。愛深い人《ひと》は憎《にく》みも深いというのが普通《ふつう》でありますが、智慧《ちえ》が曇《くも》ってくると愛が顛倒《てんどう》して逆《さか》さまになって来るからであります。

で、吾々《われわれ》は観世音菩薩《かんぜおんぼさつ》のような自由自在《じゆうじざい》な智慧《ちえ》で人を愛すると共《とも》に、人の行《おこな》いに対《たい》しても、この自由自在な智慧《ちえ》で判断《はんだん》しなければ間違《まちが》いが起《おこ》ってくるのです。例《たと》えばここに伊豆《いず》に大地震《おおじしん》がある。寒い気候《きこう》にさぞ地震《じしん》にあって困《こま》っているだろう、何《なん》とかして助けてやらなければならないと、愛の心が自分《じぶん》のうちに湧《わ》いて来る。それは尊《とうと》い心で、その人の心のうちに神が眼《め》を覚《さ》ました証拠《しょうこ》です。でその人は罹災者《りさいしゃ》を助けてやろうと思って寄附金《きふきん》なり、救助《きゅうじょ》用《よう》の衣類《いるい》なりを、知人《ちじん》から集めて廻《まわ》るとする。ところが或《あ》る知人のところへ行《ゆ》くとその知人は別《べつ》の考えをもっている。自分が関東震災《かんとうしんさい》に遭《あ》った経験《けいけん》ではそんな寄附金や衣類を集めて送っても現在《げんざい》の官庁《かんちょう》などの遣《や》り方《かた》では罹災民《りさいみん》の調査《ちょうさ》とか何《なん》とかいって手間《てま》どって、折角《せっかく》寄附《きふ》した金《かね》や衣類が罹災民の手に

罹災者　災害にあった人

関東震災　大正十二年九月一日、神奈川県相模湾北西沖を震源として発生した大地震。死者は十万人を超えた。著者は臨月の輝子夫人と共に罹災した。本全集第三十三巻「自伝篇」下巻第七章参照

入《はい》る時分《じぶん》には、もうその罹災民《りさいみん》はほとんどそんな寄附《きふ》を貰《もら》う必要《ひつよう》がなくなっている。それよりも近くにいる憐《あわ》れな人《ひと》を助けたいと考える。また実際《じっさい》近いところにいる人を助けていて、伊豆《いず》の罹災民に何《なに》も送る余裕《よゆう》がないとする。こんな場合《ばあい》その人は「どうも私の方《ほう》では伊豆の罹災者《りさいしゃ》に寄附《きふ》する考えをもっていません」といって断《ことわ》るかも知れない。すると寄附を勧《すす》めに来た人はその自分《じぶん》のしようと思っていた善《ぜん》ばかりに凝《こ》りすぎている為《ため》に、自分のやる事《こと》だけが愛の道《みち》であって他《ほか》には愛の道はないように見えて来る。そしてその断った人は如何《いか》にも愛のない冷酷《れいこく》な人だと思って憤慨《ふんがい》する。こういうように憤慨する人は善人《ぜんにん》でもあり、愛の深い人でもあるが、唯一《ただひと》つ神智《しんち》が観世音菩薩《かんぜおんぼさつ》のように自由自在《じゆうじざい》に働《はたら》かなかったために、愛にも色々《いろいろ》のあらわれがあるということに気がつかなかったのであります。また或《あ》る人はもっと深いことを考えるかも知れない。人間《にんげん》が不幸《ふこう》や災難《さいなん》に遭《あ》ったりするのは、その人の心に因《たね》を作っているからで、そんな不幸な因《たね》を造《つく》らないようにする事が本当《ほんとう》の愛の道《みち》、慈悲《じひ》の道である。そのためには教会《きょうかい》や印刷物《いんさつぶつ》をつくって心に悪い因《たね》を蒔《ま》かないように宣伝《せんでん》しなければならない。一《ひと》つ一つの不幸《ふこう》に対《たい》して一々《いちいち》寄附《きふ》していたのでは、世間《せけん》の不幸は数限《かずかぎ》りなく、自分《じぶん》の寄附し得《う》る財産《ざいさん》は限《かぎ》りがある。そんなことにいくらかかっていても切りがない。一人《ひとり》の人間《にんげん》の不幸だけでも、その人間の心から不幸の因《たね》を根絶《ねだ》やしにしておかねば、出て来る不幸ばかりを金《かね》や物《もの》で助けていたのでは根を残しておいて芽《め》を摘《つ》んでいるようなもので切りがない。本当《ほんとう》に助けるならば、心の中《なか》に埋《うず》まっている「不幸の根」を掘《ほ》り出《だ》して助けなければならない。その為《ため》には物や金《かね》をやるよりも、道の話や、神さまの話や、生命《せいめい》の真理《しんり》の話を出来《でき》るだけ多くの人間に弘《ひろ》める方《ほう》が肝腎《かんじん》で、その為《ため》には本を書いたり、教会や宣伝に金《かね》を使ったりせねばならぬので、まあ物や金で助ける方面《ほうめん》の事《こと》は、その方《ほう》に余裕《よゆう》のある人《ひと》に分担《ぶんたん》してもらって自分は心で施しをさせてもらいたいと思うかも知れない。こういうふうに慈悲《じひ》にも色々《いろいろ》のあらわれ方《かた》があり、金《かね》や物で相手《あいて》を一時的《いちじてき》に救《すく》う遣《や》り方《かた》もあれば金《かね》や物《もの》を与えないでも心で相手《あいて》を永久的に救《すく》う遣《や》り方《かた》もある。どちらも必要《ひつよう》であり、どちらの立場《たちば》も認《みと》めて行《ゆ》けるのがこれが本当《ほんとう》の自由《じゆう》な智慧《ちえ》である。智慧《ちえ》というものは元来《がんらい》自由でなければならぬ。人間《にんげん》を自由にするのが智慧《ちえ》であって人間を縛《しば》るのは智慧《ちえ》でない。人間は色々《いろいろ》の役目《やくめ》があるから、必《かなら》ずどちらでなければならぬと決めてしまうのは、あまり自分《じぶん》の考えに凝《こ》りすぎるのである。凝滞《こり》は自由の反対《はんたい》であって心に凝滞《こり》が出来《でき》るとそれが腹《はら》の立つ原因《げんいん》になるのであります。心に凝《こ》りがなければ一《ひと》つの事《こと》ばかりに心が凝《こ》り固《かた》まらず、智慧《ちえ》が自由に働《はたら》いて色々の立場《たちば》を認《みと》めることが出来るから腹が立たないのであります。又例《またれい》をあげればここに子供《こども》が転《ころ》んで泣いている。愛深い人《ひと》ならば転んでいる子供は必ず助けて起《おこ》してやるべきである——こう一途《いちず》に考えてほかの考え方が出来ぬ人はその子供の側《そば》を通《とお》りながら、その子供を起《おこ》してやらない人を見たら、「まあ何《なん》という冷酷無情《れいこくむじょう》な人だろう」と思って腹を立てる。「親《おや》ともあろうものが、子供が転んで泣いているのに

一途　他のことを顧みないで一つのことばかりを追い求めるさま

起《おこ》してもやらない、怪《け》しからぬ」と腹《はら》を立てるかも知れない。しかし親《おや》はその子供《こども》に「彼は一人で起きることを学ばねばならぬ」と思って、愛の心で起《おこ》してやりたいのを我慢《がまん》してわざと子供を起《おこ》してやらないのかも知れない。困《こま》っている人《ひと》を助けてやらないのでも「彼《かれ》は自分《じぶん》で起きることを学ばねばならぬ」と思って、わざと助けないのかも知れない。だから吾々《われわれ》は外《そと》の行《おこな》いばかりを見て、「あの人は愛がない」とか「冷酷《れいこく》な人だ」とか、一概《いちがい》に決めてしまうことが出来《でき》ない。これを一概《いちがい》にきめてかかると腹が立って来るのであります。生長《せいちょう》の家《いえ》に「人を赦《ゆる》せ」ということが書いてあります。この赦すということは貴いけれども、一層貴いことは審判かぬということである。赦《ゆる》すというのは一旦審判《いったんさば》いて、あの人は悪い人だときめてしまって、きめてから後《のち》に赦《ゆる》すということになる。しかし今《いま》いったように人間《にんげん》はその人の外にあらわれた行いばかりを見て善《ぜん》だとか悪《あく》だとか審判《さば》くことが出来ない。審判《さばき》がなければ吾々《われわれ》は赦《ゆる》すという必要《ひつよう》もなくなるのです。金《かね》というものはどうも取《とり》

一概に　ひっくるめて。おしなべて

扱《あつか》いに面倒《めんどう》なものであって、金《かね》があるためにどうも互《たが》いに誤解《ごかい》を受けやすい。金《かね》というものが人間《にんげん》の心の美《び》の表現《ひょうげん》を自由《じゆう》に発露《はつろ》することが出来《でき》ないのは悲しいことである。これあるがために折角深切《せっかくしんせつ》なつもりでしたことでも誤解《ごかい》されてお互いに自由に愛が交換《こうかん》されないことがある。金《かね》を出さなければ何《なに》もしてくれないというようでは、金《かね》を愛して金《かね》の為《ため》にしてくれるのであって、人間を愛して、人間の為《ため》にしてくれるのではないというような気もする。それでは沁々《しみじみ》と直接的《ちょくせつてき》に人間同志《にんげんどうし》の愛というものを感《かん》じるわけに行《ゆ》きにくい。「生長《せいちょう》の家《いえ》」の例会《れいかい》でも、一番最初《いちばんさいしょ》は会費《かいひ》を一人宛《ひとりあて》五十銭《せん》とることに決めた、それは何故《なぜ》それをとるということに決めたかというと、集《あつま》って来る人《ひと》たちが自由な気持《きもち》になりたい、どうも誰《たれ》か一人《ひとり》にばかり世話《せわ》を掛《か》けて自《じ》分《ぶん》が得《とく》をしていると考えると人間は卑目《ひけめ》を感ずる、卑目《ひけめ》を感ずるようでは人間は自由な気持《きもち》になれない、互いに集《あつま》ってくる人たちが誰《たれ》にも損《そん》を掛けていない、一緒《いっしょ》に「道《みち》」の話をして自由な気持《きもち》で楽しむには、集《あつま》りに要《い》る入費《にゅうひ》を

発露　表に現し出すこと

五十銭　現在の約千〜千五百円に相当する

入費　物事を行うのにかかる費用。かかり

互《たが》いに出し合った方《ほう》が好《よ》いだろうと私は思った。ちょうど第《だい》一回《かい》の集《あつま》りのときは暑《あつ》い真夏《まなつ》でもあり、冷《つめ》たい飲料《いんりょう》を時々取替《ときどきとりか》えたいし、遠慮《えんりょ》をせずに自分《じぶん》のものみたいに、お菓子《かし》なども平気《へいき》で食べる自由《じゆう》さがあって、その自由な気《き》分《ぶん》のうちで互《たが》いに道《みち》の話を楽しみたいと思った。それには五十銭位《せんぐらい》は合理《ごうり》的《てき》な金額《きんがく》である。五十銭ずつ出し合うために、皆《みん》ながそれを出さない時《とき》より自由に打《う》ち解《と》けて気楽《きらく》な気持《きもち》でいることが出来《でき》るとしたらその五十銭は生きて来る。それで私は会費《かいひ》を取ることに決めた。ところがこれを又別《またべつ》の考えで見る人《ひと》があった。「宗　教家《しゅうきょうか》が金《かね》を取るとは怪《け》しからぬ。あんなことをいってるけれど、あれは金儲《かねもう》けだ」こういって誤解《ごかい》して、中《なか》には憤慨《ふんがい》して腹《はら》を立てる人もあった。私が最初《さいしょ》会費をとることにしたのは皆《みな》の人に自由に菓子でも茶でも飲んで「道話《どうわ》」を楽しんでもらいたいためであったのに、「宗教家というものは、金《かね》をとってはならぬ」という唯一《ただひと》つの考え方にばかり凝《こ》っていて、色々《いろいろ》ほかにも自由な考え方があることに気がつかない人は、自分の考

道話　生長の家の真理の話

え方と異《ちが》うといって腹《はら》を立てたのであります。Aさんなどはそういう人《ひと》と本《ほん》部との間《あいだ》に立って非常《ひじょう》に苦労《くろう》して斡旋《あっせん》して下《くだ》さった末《すえ》、「今度《こんど》から会費《かいひ》をとらぬことにして下さい。どうもまだ誤解《ごかい》する人があるから」といってくれられた。私の考えとしては会費というものを何《なに》も是非《ぜひ》とらねばならぬということはない、皆《みな》の人が自由《じゆう》に集《あつま》って救《すく》いの機縁《きえん》になるような話に出来《でき》るだけ多くの人が触《ふ》れて下さりさえすれば好《よ》いのだから、そういうことならこの次から会費は止《よ》すということにしましょう、とその人の勧《すす》めに従《したが》ったのであります。そんなわけで、現在《げんざい》では会費はとらない。その代《かわ》りここに御菓子《おかし》を出してあっても滅多《めった》に自由に手を出す人《ひと》がない。お菓子が看板《かんばん》みたいになっている。「どうぞ一《ひと》つおつまみ下さい」といっても遠慮《えんりょ》して手を出す人が滅多《めった》にない。皆《みん》なが固苦《かたくる》しくお客様然《きゃくさまぜん》と縮《ちぢ》こまっていて、成《な》るほどこれは互《たがい》に家《か》族同士《ぞくどうし》だという感《かん》じがしない。その癖《くせ》、やはりお出《い》でになる方《かた》は私方《わたしかた》にばかり世話《せわ》をかけ費用《ひよう》をかけてはならないと思って、何《なに》かで返したいお心から

斡旋　とりもって世話をすること

機縁　きっかけ。縁

…然　まさに…のような様子である

お菓子《かし》などを大抵《たいてい》は手土産《てみやげ》に持って来て下《くだ》さる。それで皆《みな》さんがお帰りになった後《あと》で私が階下《かいか》へ降《お》りて行《ゆ》くとそこにお菓子の山が出来《でき》ている。結局《けっきょく》皆さんは、私が最初《さいしょ》にきめた五十銭《せん》よりもたくさんな金《かね》を負担《ふたん》していて、その上《うえ》まだお客様然《きゃくさまぜん》として遠慮《えんりょ》しなければならない。こんな窮屈《きゅうくつ》な馬鹿《ばか》らしい事《こと》はないのであります。こんな窮屈な馬鹿《ばか》らしい目に皆さまを会わしたくないという「愛」の心から、私は各自《かくじ》が会費《かいひ》を出し合って寄《よ》り合《あ》うことにしたらと思ったのでありましたが、そこに金《かね》というものに対《たい》して一《ひと》つの考え方しか有《も》てない「金《かね》をとる者《もの》は金儲《かねもう》けだ」というよりほかに考え方を知らない人《ひと》がある、でそういう人達《ひとたち》の誤解《ごかい》を防《ふせ》ぐために今《いま》のようになって来たのであります。こんなわけで、人間《にんげん》は行《おこな》いの外側《そとがわ》ばかりを見てその人を批評《ひひょう》することは出来ないものであります。「金《かね》をとるものは金儲《かねもう》けだ」と一《いち》がいに決めてしまうことが出来ないと同じように、「金《かね》を出すものは無慾《むよく》な人間だ」とも決めてしまうことも出来ないのであります。どこそこの本山《ほんざん》に多額《たがく》の金額《きんがく》を

一がいに　本書一六六頁の「一概に」に同じ

寄附《きふ》するという人《ひと》があっても、その人は慾心《よくしん》のない偉《えら》い人だとも決めてしまわれません。金《かね》を出すに到《いた》った本当《ほんとう》の心がどこにあるか、その人の心の有《あ》り所《どころ》によってその寄附の価値《かち》はきまるのであります。仮《かり》に一万円《まんえん》その人が本願《ほんがん》寺《じ》へ寄附しましても、死後《しご》の極楽《ごくらく》の特等席《とくとうせき》を買い取るような心で寄附しましたならば、それは商売であり、投資であり、表面《ひょうめん》はどんなに綺麗《きれい》さっぱりとその金《かね》を投げ出したにしましても、それは一万円位《ぐらい》の少額《しょうがく》の投資《とうし》で、無限の価値ある極楽浄土を買いとろうという実《じつ》にズルイ慾《よく》の深い魂胆《こんたん》で、仏《ほとけ》の前《まえ》にはいと小さきものであります。しかしここに僅《わず》か十銭《せん》の金《かね》でも、本当に憐《あわ》れな人を見て慈悲《じひ》の心が動き、その人の生きる道《みち》を開《ひら》く資金《しきん》として恵《めぐ》むということになりますと、それは金高《きんだか》からいえば、実《じつ》に少額《しょうがく》でも、神の前《まえ》には非常《ひじょう》に大《だい》なるものとなるのであります。

同じ金《かね》を出すにしましても仏《ほとけ》さまに上げる金《かね》だなどといいましても、仏《ほとけ》さまはそんな金《かね》など要《い》る方《かた》ではない、だから金《かね》を余計《よけい》に出したからとて仏《ほとけ》さま

一万円　現在の約二千万〜三千万円に相当する
本願寺　浄土真宗の本山。親鸞の没後、文永九年に京都の東山大谷に御影堂を建立したのが始まり。文明十年に蓮如が山科に再興。慶長七年に東西に分立した
魂胆　たくらみ
いと　非常に
十銭　現在の約二百〜三百円に相当する
金高　金銭で表した数字。金額

の国《くに》を買いとる事《こと》は出来《でき》ません。ただ金《かね》が要《い》るのは人間《にんげん》だけのことです。例《たと》えば、布教者《ふきょうしゃ》がその金《かね》をとって何《なに》に使うか。布教者が、その金《かね》を受取《うけと》って神さまなり仏《ほとけ》さまなりの道《みち》を伝えたり、多くの人《ひと》を助けるために使うならばその金《かね》は生きて来る。しかしどこかの坊《ぼう》さんのようにその金《かね》で博奕《ばくち》をして負《ま》けて借金《しゃっきん》を負《お》うというようなことでは、折角寄附《せっかくきふ》した有難《ありがた》い金《かね》が生きて来ない。生きて来ないばかりか、その金《かね》を出したが為《ため》に、堕落《だらく》している坊さまに却《かえ》って罪《つみ》を重ねさすことになるかも知れないのです。

今《いま》の世《よ》の中《なか》に金《かね》は非常《ひじょう》な力《ちから》を有《も》っています。金《かね》を持たされたがために堕落する人もあれば、金《かね》の無《な》いがために堕落する人もある。金《かね》を無頓着《むとんじゃく》に出すからその人が世の中に益《えき》を与えていると思うと間違《まちが》いで、下手《へた》に出すと相手《あいて》に依頼心《いらいしん》を起《おこ》さしたり遊蕩心《ゆうとうしん》を起《おこ》さしたり、博奕《ばくち》を打たしたりするようになる。転《ころ》んでいる子供《こども》にひとりで起きることを学ばせなければならぬと思ってじっと起《おこ》してやりたい心を怺《こら》えて、その子供を決《けっ》して他力《たりき》では起《おこ》さずにいる

博奕　金品を賭けて賽や花札などで勝負をすること

無頓着　細かいことを気にかけず、こだわらないこと

遊蕩心　酒や女遊びなどにふけって品行のおさまらない心

親《おや》の愛のような気持《きもち》で、困《こま》っている人《ひと》に金《かね》を与えないでいることも、或《あ》る場《ば》合《あい》には愛の深い行為《こうい》とみとめなくてはなりません。

吾々《われわれ》が金《かね》を出すからその人の性格《せいかく》が綺麗《きれい》で、金《かね》を出さぬからその人の性格が穢《きたな》いというわけのものではない。金《かね》の問題《もんだい》に触《ふ》れると自分《じぶん》の心が汚《けが》れるように思って、なるべく金《かね》には触れないように避《さ》けるようにしているのも卑《ひ》怯《きょう》なやり方《かた》であります。金《かね》をとっても出しても、又或《またあ》る場合には断《だん》じて出さなくとも、金《かね》はこうして生かして使う、世《よ》の中《なか》の人々《ひとびと》を助けるように使うという、断乎《だんこ》とした一《ひと》つの尊《とうと》い心に支配《しはい》されている場合には、その人が或《あ》る場合、金《かね》をとっても、又《また》断じて出さぬというようなことがあっても、その人の心はケチでもなければ穢《きたな》くもないのであります。ともかくこういうふうに人《にん》間《げん》の行《おこな》いというものは、一つの尊い心から出発《しゅっぱつ》してもその現《あらわ》れ方《かた》は場合によって千差万別《せんさばんべつ》になって来る。だからちょっとその人の行為《こうい》が冷酷《れいこく》に見えても、冷酷な人だなどと判断《はんだん》することは出来《でき》ないのであります。愛にも種々《いろいろ》のあらわれ方《かた》があり、冷酷《れいこく》の中《なか》にも愛があり、愛の中《なか》にも冷酷がある。智慧《ちえ》が自由《じゆう》になって来ると人間《にんげん》の愛のあらわれにも種々相《しゅじゅそう》があることが判《わか》って来る。人間の愛のあらわれの種々相《しゅじゅそう》が判《わか》って来ると、人間を一《いち》がいに善《ぜん》だとも悪《あく》だともサバク事《こと》が出来《でき》なくなる。人《ひと》に対《たい》して腹《はら》を立てているときは大抵《たいてい》は人を審判《さば》いている時《とき》である。人を審判《さば》くことが出来ないことが解《わか》れば、大抵の場合《ばあい》腹が立たなくなるのであります。

C――私は店《みせ》に使っている奉公人《ほうこうにん》を時々叱《ときどきしか》りつけますが、それはいけないことでしょうか?

谷口《たにぐち》――叱ることが、一概《いちがい》に悪いともいえないし、叱らないことが一概に善《よ》いともいえません。「生長《せいちょう》の家《いえ》」には、叱らないで善《よ》い処《ところ》を賞《ほ》めて、言葉の力《ちから》でその善《よ》い処《ところ》を生長さし、その結果《けっか》悪いところがひとりでに消滅《しょうめつ》するというような教育《きょういく》の根本方針《こんぽんほうしん》があります。大抵の場合、この根本方針で人間はだんだん善《よ》い方《ほう》に進んで行《ゆ》くことが出来るのであります。しかしこれは根

種々相　さまざまな姿や様子

奉公人　他人の家に雇われて家事や家業に従事する人。下男・下女、商家における丁稚(でっち)・手代など

本方針であって実際《じっさい》の上《うえ》では臨機応変《りんきおうへん》の手段《しゅだん》をとらなくてはならないのであります。相手《あいて》によっては叱《しか》り付《つ》けたり、罵《ののし》ったりしたために却《かえ》って反撥心《はんぱつしん》を起《おこ》して「今《いま》に見ろ、お前《まえ》よりも偉《えら》くなってみせるぞ」と大奮発《だいふんぱつ》したが為《ため》にその人《ひと》が将来大《しょうらいおお》いに発達《はったつ》する事《こと》が出来《でき》るというような場合《ばあい》もあれば、叱ったり罵《ののし》ったりした為《ため》に、その人の心が萎縮《いしゅく》して将来発達の勇気《ゆうき》がなくなるというような場合もある。そうかと思うと、ちょっとも欠点《けってん》を叱らないでいる両親《りょうしん》を甘く見て、却《かえ》って堕落《だらく》するというような場合もある。それは場合と人間《にんげん》とを見て適当《てきとう》に定《き》めなければならぬので、叱ることが必《かなら》ずしも悪くはない。何よりも大切なのは、何のために叱るかというあなたの根本の心の向きが、正しい方向を向いているかどうかという事であります。あなたは炭屋《すみや》さんをしていられる。あなたは好《よ》い炭《すみ》を造《つく》って、便利《べんり》に安く世《よ》の中《なか》の人達《ひとたち》に捧《ささ》げるというのがあなたの役目《やくめ》である。それにもし誤魔化《ごまか》したり手を抜《ぬ》いたりして世の中の人に好《よ》い炭を便利に捧げないような店員《てんいん》があるような場合に

臨機応変　その場やその時の状況に応じて適切な対応をすること

大奮発　大いに気力をふるい起こすこと

は、それは時《とき》には叱《しか》らねばならぬ事《こと》もあるでしょう。叱っても、あなたの根《こん》本《ぽん》のお心が世《よ》の中《なか》の人《ひと》に好《よ》い炭《すみ》を捧《ささ》げたいというお心であり、そして自家《うち》の店員《てんいん》を不都合《ふつごう》なことをせぬ立派《りっぱ》な神の子らしい人間《にんげん》にしたいというような根本のお心が正しい方向《ほうこう》に向いているならば、その叱りは正しいのです。そうでなくて自分《じぶん》の心が乱《みだ》れて、感情《かんじょう》が昂奮《こうふん》して、ムシャクシャ紛《まぎ》れに腹《はら》を立てて叱り付けるのではその叱りは善《よ》くないのです。何《なに》よりも肝腎《かんじん》なのは自分の心がどちらを向いているかということです。

C——いや、どうも克《よ》く解《わか》りましてございます。

谷口《たにぐち》——この叱る時《とき》に、自分の心が乱れて感情で当《あた》り散《ち》らしているようなことではいけないのです。叱るにしても必《かなら》ず励《はげ》まして、相手《あいて》を押《お》し上《あ》げるところを残しておくという事が肝腎《かんじん》です。按摩《あんま》をするのに充血《じゅうけつ》している所《ところ》をグッと摑《つか》む。この時に、どこにも血の逃《に》げる所のないように一ヵ所《しょ》を八方《はっぽう》から圧迫《あっぱく》すると、充血が逃げる場所《ばしょ》がないから却《かえ》って健康《けんこう》に悪い。必ず一方《いっぽう》へ血の逃《に》げられるようにして圧迫《あっぱく》しなければならない。叱《しか》るのもこの按摩《あんま》の通《とお》りである。一ヵ所《しょ》を圧迫して叱るのは、そこに間違《まちが》いという悪血《わるち》が滞《とどこお》っているから、それを散《ち》らしてその人全体《ひとぜんたい》が生きて来る為《ため》である。叱ったのが動《どう》機《き》になって相手《あいて》が現在《げんざい》よりも伸《の》びるようにしなければならぬ。大抵《たいてい》の人《ひと》は正面《しょうめん》から賞《ほ》められて伸びるものですが、或《あ》る特殊《とくしゅ》の人は反対《はんたい》に侮辱《ぶじょく》されたために発奮《はっぷん》して偉《えら》くなることもある。また同じ人でも、時《とき》と場合《ばあい》とによって変《かわ》って来る。要《よう》するに賞《ほ》めるのは相手が現在の善《よ》い所《ところ》を認《みと》められたのに励《はげ》みがついて益々《ますます》その善《よ》い所を生長《せいちょう》さすためであるし、叱るのは相手自身《あいてじしん》が、自分《じぶん》の現在はまだ本物《ほんもの》の偉さが出てない、本物の自分はまだまだ現在よりも偉大《いだい》なものだということを自覚《じかく》するように誘導《ゆうどう》するためである。だから禅僧《ぜんそう》に一喝《いっかつ》を喰《く》らってサトリを開《ひら》くこともある。叱られたり、侮辱されたりした刹那《せつな》「俺《おれ》を侮辱したな。今《いま》に見ろ、お前《まえ》をやり返してやるぞ。俺《おれ》はお前に侮辱されるようなものではないのだ」とこう内心《ないしん》に勃々《ぼつぼつ》とした反撥《はんぱつ》の心が起《おこ》っ

悪血　病毒を含んだ血。悪い血

発奮　何かをきっかけとして心をふるい起こすこと

一喝　悟りを得させるために大声でどなりつけること

刹那　瞬間

勃々　物事が勢いよくわき起こるさま

て来る――こういう人《ひと》は叱《しか》られたことが動機《どうき》になって自分の内に潜んでいるところの現在よりも偉大な力を磨《みが》き出《だ》そうと努力《どりょく》するようになる。こういう場合《ばあい》「叱る」ということは相手《あいて》を悪くいうことのように見えるが、実《じつ》は「お前《まえ》の潜在能力《せんざいのうりょく》は、現在《げんざい》の汝《なんじ》よりも偉大《いだい》なるものだ。お前はその偉大な潜在能力を隠《かく》しているのだ。正味《しょうみ》を出せ、正味《しょうみ》のお前はもっと偉大なるものだ」という事《こと》を、反語的《はんごてき》に暗示《あんじ》しているのと同じである。しかしこの反語的暗示《はんごてきあんじ》というのは、人に応《おう》じて千変万化《せんぺんばんか》させねばならぬのでなかなか難《むつ》かしい。人によっては叱られた為《ため》に心が捻《ね》じけることもあれば、心が萎縮《いしゅく》してしまうこともあり、叱った相手を怨《うら》むようになることもあり、家《いえ》の内《うち》に叱りや小言《こごと》の声《こえ》が絶《た》えないで、家庭《かてい》の空気《くうき》が非常《ひじょう》に陰気《いんき》に不快《ふかい》になることもある。こういうふうに「叱る」というやり方《かた》は色々《いろいろ》の危険《きけん》を伴《ともな》って来る。だから「生《せい》長《ちょう》の家《いえ》」の教育法《きょういくほう》では悪い所《ところ》を成《な》るべく指摘《してき》しないようにし、正面《しょうめん》から「お前の潜在能力は現在よりも偉大なものだ」と素直《すなお》に暗示して、ちょっとでも

潜在能力　平常は本人にも自覚されない、隠れている高い能力

正味　付属部分を取り除いた実質的な中身

反語的　強調するためにわざと反対の内容を疑問の形で示す表現方法

潜在《せんざい》している偉《えら》さが出て来るたび毎《ごと》に賞《ほ》めて、偉大《いだい》の自覚《じかく》を強めるように勧《すす》めているのであります。これは正道でありますが、時《とき》には危道を用《もち》いねばならぬこともある。しかし危道《きどう》はそう度々《たびたび》用いてはならないので、始終小言《しょっちゅうこごと》ばかりをいっていてはその小言《こごと》に権威《けんい》がなくなる。小言《こごと》は塩のようなもので、甘いうちにホンのちょっと鹹《から》い所《ところ》がある。それで甘さが引立《ひきた》って来る。また甘いばかりで如何《いか》なる場合《ばあい》にも怒《おこ》らないでニタニタ笑っているようなことでは自分《じぶん》の子供《こども》や使う者《もの》から馬鹿《ばか》にされる。うちの主人《しゅじん》はどうしていても何《なん》ともいわぬとか、うちの親《おや》はボンヤリだとかいわれるようになっては善悪《ぜんあく》の示しがつかぬ。善悪《ぜんあく》をハッキリさした儼然《げんぜん》とした法則《ほうそく》のようなところがあって、その人《ひと》の前《まえ》には悪《あく》を犯《おか》すことがとても心苦《こころぐる》しいと思われる程《ほど》の強さもなければならぬ。そのためには、時《とき》たま道《みち》に甚《はなは》だしゅう外《はず》れたときにグワンと叱《しか》る。そして常《つね》に少しでも善《ぜん》にかなうた行《おこな》いが出来《でき》た場合には大《おお》いに賞《ほ》める。その賞《ほ》めて愛してやることによって善《ぜん》をすることがどんなに好《よ》いもの

危道　あぶない道。危険なやり方

権威　他の者を従わせる威力

儼然　おごそかで重々しいさま

甚だしゅう　度を超えて

であるかを引立《ひきた》たす。要《よう》するに、相手に宿っている神性を引出すことが目的《もくてき》でその表《あらわ》れ方《かた》は千変万化《せんぺんばんか》しなければならぬ。一《ひと》つの型《かた》に嵌《は》めるということは「生長《せいちょう》の家《いえ》」の道《みち》ではない。しかし雑誌《ざっし》に書く場合《ばあい》には多勢《おおぜい》の読者《とくしゃ》に当嵌《あては》まる一般的法則《いっぱんてきほうそく》を書いているので、賞《ほ》めることの如何《いか》に尊《とうと》いかを主《しゅ》として高《こう》調《ちょう》して書いてある。叱《しか》ってもよろしいなどと書いては、あまりにも叱る家庭《かてい》が多い世《よ》の中《なか》を光明化《こうみょうか》して行《ゆ》くことが出来《でき》ぬ。しかし少量《しょうりょう》の叱りが必要《ひつよう》なことは塩が料理《りょうり》に必要なのと同じであります。

「神性《しんせい》」そのものの発露《はつろ》のような禅僧《ぜんそう》の一喝《いっかつ》を見て、坊《ぼう》さまでありながらあんな腹《はら》を立てて叱っていたと批評《ひひょう》する人《ひと》が出来《でき》て来るかも知れませぬが、腹を立てることと叱ることとは別《べつ》のことであります。叱るのは相手《あいて》の神性《しんせい》を引《ひき》出《だ》すため、腹を立てて悪いのはこちらの神性《しんせい》が乱《みだ》れる為《ため》である。こわい顔《かお》をして叱っていたからとて、こちらの神性《しんせい》が乱れているとは必《かなら》ずしもいえぬ。

さっきいったように相手に応《おう》じて三十三相《そう》を現《げん》ずる観世音菩薩《かんぜおんぼさつ》が、夜叉《やしゃ》の憤《ふん》

高調する　強調する

憤怒の相　はげしく腹を立てた顔

怒《ぬ》の相《そう》をあらわしていたからとて、慈悲《じひ》の権化《ごんげ》たる観世音菩薩《かんぜおんぼさつ》ともあろうものが怒《おこ》っていた、慈悲《じひ》の権化《ごんげ》というのは真赤《まっか》な嘘《うそ》であったと批評《ひひょう》する事《こと》は出《で》来《き》ますまい。こんなふうに他《ひと》を外観《がいかん》から批評したり罪《つみ》に定《さだ》めたり出来るものではありません。この事が判《わか》って来ると人間《にんげん》は他《た》の事を彼是《かれこれ》いって腹《はら》を立てることがなくなるのであります。

また吾々《われわれ》は「これだけ自分《じぶん》はあの人《ひと》の世話《せわ》をしてやっているのに、相手《あいて》はそれを何《なん》とも思わない。恩《おん》に報《むく》いるに仇《あだ》をもってした」といって腹を立てることがあります。成《な》る程《ほど》世話をしてもらった側《がわ》からいえば、恩に報いるに感《かん》謝《しゃ》をもってしないことは悪い。けれども世話をする側からいえば、自分の力《ちから》であの人の世話が出来たと思うのは間違《まちが》いである。自分の力で出来るものはこの世《よ》の中《なか》に一《ひと》つもない。自分がこの世に生きさせてもらっている力さえ、自分の力でない。吾々《われわれ》は色々《いろいろ》の力の世話になっている。百姓《ひゃくしょう》の世話にもなっていれば、お米屋《こめや》の世話にもなっている。紡績女工《ぼうせきじょこう》の世話にもなっていれ

紡績　動植物などの繊維を加工して糸をつむぐこと。また、その会社や業界

ば、機織屋《はたおりや》の世話《せわ》にもなっている。宇宙全体《うちゅうぜんたい》と、それを支《ささ》えている力《ちから》の世話になっている。そしてこの色々《いろいろ》の力があつまって生きているのが自分《じぶん》である。またこの色々の皆なの力で生かされている自分であればこそこの自分が尊い。自分のものであって自分のものでない。宇宙全体の力が自分に集《あつま》って結晶《けっしょう》して出来《でき》たダイヤモンドみたいなものが自分の力である。世《よ》の中《なか》には国宝《こくほう》というものがあって、一個人《こじん》一個人の宝《たから》よりも大切《たいせつ》がられている。しかし吾々《われわれ》の生命力《せいめいりょく》はこの国宝よりも尊《とうと》い、いわば宇宙宝である。宇宙宝《うちゅうほう》だから宇宙全体のために存在《そんざい》していて皆《みん》なのために動き出すのは当然《とうぜん》のことである。その動き出す力は自分の力であって自分の力でない——全体《ぜんたい》の力で支えられている。全体の力で支えられているものが全体のために動き出す。「自分が、彼に与えた」とか、「自分が彼《かれ》にしてやった」とかいうのは形《かたち》にとらえられた迷信《めいしん》である。本当《ほんとう》は自分は何《なに》もしてやったことはないのである。神道《しんとう》の祝詞《のりと》に「天《あめ》の御蔭《みかげ》、日《ひ》の御蔭《みかげ》と隠《かく》りまして」という言葉がある。この

機織屋　機械で布地を織る従事者

祝詞　神道で神に奏上する言葉

「天《あめ》の御蔭《みかげ》、日《ひ》の御蔭《みかげ》」というのは、何事《なにごと》も天地《てんち》のお蔭《かげ》、宇宙霊《うちゅうれい》のお蔭で出《で》来《き》たのであって自分《じぶん》の力《ちから》ではないという意味《いみ》である。自分の力で出来たのではないという事《こと》が本当《ほんとう》にわかれば、吾々《われわれ》は「自分がしてやったのにあの人《ひと》は恩知《おんし》らずだ」といって腹《はら》を立てることがなくなる。だから世《よ》の中《なか》が平和《へいわ》になる。祝詞《のりと》にも、天《あめ》の御蔭《みかげ》、日《ひ》の御蔭《みかげ》だとして自分の手柄《てがら》というものを認《みと》めなければ「安国《やすくに》と平《たい》らけく治《おさ》まる」と書いてある。仏教《ぶっきょう》のお経《きょう》にも慈悲《じひ》を施《ほどこ》しても、慈悲《じひ》も無《な》ければ慈悲《じひ》を施した自分もないと観《かん》じて慈悲《じひ》を施すのが本《ほん》当《とう》の**菩薩行**《ぼさつぎょう》である、という意味《いみ》が書いてある。キリストも「わが業《わざ》は我《われ》に宿《やど》る父が為《な》し給《たま》うたのだ」といって決《けっ》して自分でしたと考えていられない。

このように、神道《しんとう》でも、仏教でも、キリスト教《きょう》でも、すべての教《おし》えの神髄《しんずい》は同じであります。慈悲《じひ》を施すことは一見《いっけん》甚《はなは》だ結構《けっこう》なことでありますが、慈《じ》悲《ひ》を施したがために後《あと》から腹が立って自分の心が乱《みだ》れるようでは何《なん》にもならない。自分の心の乱れた波動《はどう》で宇宙《うちゅう》を汚《けが》すことになっては、却《かえ》って罪《つみ》を犯《おか》す

安国と平らけく　安らかに平穏無事な国に

菩薩行　自らも仏道の修行をしながら、さらに人々を救うために教え導く修行

神髄　最も重要で奥深い大切なことがら

ことになるのであります。だから、何《なに》を為《し》てあげても、為てあげたのは自分ではない、宇宙全体《うちゅうぜんたい》を動かしている聖《せい》なる御手《みて》が動いたのだということを自覚《じかく》するようになると、相手《あいて》がどんなに忘恩的態度《ぼうおんてきたいど》に出ても決《けっ》して腹《はら》が立たなくなるのであります。

腹が立たなくなるようになる根本《こんぽん》は、何《なん》といってもこの小さな「我《われ》」というものを無《な》くして神我一体《しんがいったい》の自分《じぶん》、宇宙と一体の自分を自覚することであります。そのために「生長《せいちょう》の家《いえ》」では「神想観《しんそうかん》」といって神我一体《しんがいったい》になる修行《しゅぎょう》をするので、病気治《びょうきなお》しばかりが目的《もくてき》でない。何《なに》をしても「この我《われ》がした」という迷《まよ》いが出て来ると必《かなら》ず腹が立つ。それと同時《どうじ》に、他《ひと》が自分に対《たい》して何《なに》かしかける場合《ばあい》も同じでありまして、「あいつが自分にこういう無礼《ぶれい》なことをした」ということになると腹が立つのであります。しかし「あいつというものはあいつ自身《じしん》の力《ちから》で生きているのではない、全体《ぜんたい》の力で生かされ、全体の力で動かされているのだ」ということが解《わか》ると、もう腹が立たなくな

忘恩的　恩知らずなさま

ります。「あいつが自分《じぶん》の頭《あたま》を叩《たた》いた」と思えば腹《はら》が立つが、「宇宙全体《うちゅうぜんたい》の力《ちから》が働《はたら》いて自分の頭を叩いた」となると腹の立ちようがない。「何《なに》か宇宙全体にとって都合《つごう》の悪いことを自分はしたのであろう」と自分を顧《かえり》みるほかはない。こうして「神の智慧《ちえ》」が自分にひらけて宇宙全体と彼と自分とは一体《いったい》であるという真理《しんり》がわかって来れば、自分の心が非常《ひじょう》に自由《じゆう》になって、もう「怒《いか》り」の奴隷《どれい》になることがなくなるのであります。

いつか、私は腹が立つのは恐怖心《きょうふしん》からであるということを『生長《せいちょう》の家《いえ》』に書いたと思います。恐怖心というのは、いい換《か》えれば「誰《た》れかが吾々《われわれ》に害《がい》を与《あた》え得《う》る」という迷信《めいしん》です。それを迷信であるというのは、真理を観《み》る眼《め》で見れば、宇宙全体と我《われ》とは一体であるから、誰も吾々に害の与えようがないからであります。自分が迷《まよ》っている時《とき》は、何《なに》かで苦しむと、害を与えられたように見えますけれども、あとから考えてみると、「あの時あの苦しみがあったればこそ今の自分がある」という事《こと》が判《わか》って来るのであります。一《いち》番害《ばんがい》を与えているように見えているのが、却《かえ》って一番自分《じぶん》に益《えき》を与えてくれているのであります。激《はげ》しく苦しむ程《ほど》激しくその霊魂《れいこん》は進歩《しんぽ》します。そしてその苦しみの境地《きょうち》を突破《とっぱ》しますと、今度《こんど》は苦しまないでも進歩できる境涯《きょうがい》に出られるのです。「生長《せいちょう》の家《いえ》」の心の法則《ほうそく》は「類《るい》は類を招《よ》ぶ」というのでありますが、自分《じぶん》に審判《さばき》の心があれば又他《またひと》から自分が審判《さば》かれるのです。自分に憎《にく》みの心があれば又他《またひと》から憎まれるのです。自分がケチであれば又他《またひと》からケチにされるのです。こうして何故《なぜ》周囲《しゅうい》が自分と同じようになって現《あらわ》れるかというと、これが神の慈悲《じひ》であります。自分の眼《め》の球《たま》が自分に見えないように、自分が他《ひと》を審判《さば》いたり憎んだりケチであったりしても、それが人《ひと》にどんな働《はたら》きを及《およ》ぼすものであるかが自分自身《じぶんじしん》には判《わか》らない。そこで、自分の顔《かお》を見る時《とき》に鏡《かがみ》に映《うつ》して見るのと同じように、自分がどんな心の働きを周囲に及ぼしているかを知るには、周囲という鏡があって自分の心と同じような態度《たいど》で自分を審判《さば》いてくれたり、憎んでくれたりすると、成《な》る程《ほど》サバキと

境涯 置かれている立場。境遇

いうもの憎《にく》みというものは、人《ひと》にこんな感《かん》じをさすものだと自分《じぶん》の身《み》に体験《たいけん》が出来《でき》る。自分の体験によって今迄《いままで》自分は人にこんな感じをさせていたのだということが解《わか》り、これからそんな悪い心で人に接《せっ》しないようにしようということになる。自分で自分の現状《げんじょう》の悪さが解《わか》って一層《いっそう》高い神性《しんせい》に近づいて行《ゆ》く、これが本当《ほんとう》の生長《せいちょう》、本当の道徳的進歩《どうとくてきしんぽ》であります。本当の生長、本当の進歩《しんぽ》は外から強制《きょうせい》して行《おこな》われるものでなく、自分で自覚《じかく》して自由意志で進歩して行《ゆ》くのであります。この進歩向上《しんぽこうじょう》の自由意志《じゆういし》を目覚《めざ》めさすために、自分の心と同じ形《かたち》をした境遇《きょうぐう》や環境《かんきょう》を吾々《われわれ》の周囲《しゅうい》にあらわして見せて下《くだ》さるのは、神様《かみさま》のお慈悲《じひ》であります。だから「類《るい》は類《とも》を招《よ》ぶ」というのは法則であると共《とも》にお慈悲なのであります。神はただの「法則《ほうそく》」ではなく、「法則」であると共に、「愛」であるというのはこのことでも判《わか》ると思います。

第五十七巻索引

＊頻度の多い項目は、その項目を定義、説明している箇所を主に抽出した。
＊関連する項目は→で参照を促した。
＊一つの項目に複数の索引項目がある場合は、一部例外を除き、一つの項目にのみ頁数を入れ、他の項目には→のみを入れ、矢印で示された項目で頁数を確認できるよう促した。（例　「無我の愛」「慈悲の道」等）

〔あ〕

〔い〕

〔か〕

〔き〕

〔さ〕

〔す〕

〔せ〕

〔つ〕

〔て〕

〔と〕

〔な〕

〔に〕

〔ね〕

〔ふ〕

〔へ〕

〔ほ〕

〔ま〕

〔み〕

〔む〕

〔め〕

〔れ〕

〔ろ〕

〔わ〕

箴言・真理の言葉

新編《しんぺん》　生命《せいめい》の實相《じっそう》　第五十七巻　幸福生活篇《こうふくせいかつへん》

幸福生活《こうふくせいかつ》への根本真理《こんぽんしんり》

令和五年七月一日　初版発行

著　者　谷口雅春《たにぐちまさはる》

責任編集　公益財団法人 生長の家社会事業団
谷口雅春著作編纂委員会

発行者　白水春人

発行所　株式会社　光明思想社
〒一〇三—〇〇〇四
東京都中央区東日本橋二—二七—九　初音森ビル10F
電話〇三—五八二九—六五八一
郵便振替〇〇一二〇—六—五〇三〇二八

装　幀　松本　桂

本文組版　ショービ

印刷・製本　凸版印刷

カバー・扉彫刻　服部仁郎作「神像」©Iwao Hattori,1954

ISBN978-4-86700-047-2